紫禁城外一抹清脆

漢字與文物的故事

許進雄——著

（序）中華文物的初學津梁

在同儕之中，許進雄的學術成就是我最佩服的。他的甲骨研究和著作，於安陽博物苑甲骨展覽廳被評為世界對甲骨學最有貢獻的二十五名學者之一；他的《中國古代社會：文字與人類學的透視》，從文字與人類學加以透視，堪稱別開生面的經典名著。因為他有機緣在加拿大皇家安大略博物館和多倫多大學沉潛三十年，博覽群籍，摩挲文物，從而厚積學識、廣開眼界，以不惑之年，即蜚聲國際。

進雄的性情，也被同儕評為天下最老實的人。他雖然愛說笑話，博君一粲；但襟抱磊落、表裡如一，言必有信。他放棄加拿大高薪穩定的工作，「回母系貢獻」，也因此留下臺大中文系新聘教員「全數通過」的紀錄。他在臺大，用心用力的培養甲骨學新秀，希望這一門「望重士林」的學問，能夠在中文系薪火相傳。在他心目中，也果然已有傳人，可惜始終未能扎根母校。如果說進雄返國多年，有什麼遺憾的話，應當只有這件事。

有天世新大學牟宗燦校長向洪國樑主任跟我徵詢，能使世新中文系加強陣容和向上提升的人才，牟校長當即同意禮聘進雄。我很高興數十年莫逆之交的弟兄，又能一起為世新盡心盡力。而青山綠水、清風明月，杯酒歡笑，亦復能洋溢於白髮蕭疏之中。

進雄將由臺灣商務印書館出版一套四冊的《漢字與文物的故事》，那是他在臺大和世新的授課講義，以文物作為單元，逐篇撰就，篇篇深入淺出，可以看出進雄學養的扎實，而機趣亦自然流露其間。我認為此書不止可作為喜愛中華文物的初學津梁，其精要的見解同樣可供學者參考。

能出一本書是讀書作學問的人的一大愉悅，在為進雄感到高興之餘，也寫出我對他治學為人的一些認知。因為就讀者而言，「讀其書，不知其為人可乎！」

曾永義

（自序）因緣際會說甲骨

一九六〇年我進到臺灣大學中文系，因緣際會開始研讀甲骨學，到了研究所畢業的時候，我的甲骨學知識已能自行研究，獨當一面了。一九六八年，承蒙中央研究院歷史語言研究所的李濟博士與業師屈萬里教授共同推薦我去加拿大安大略省多倫多市的皇家安大略博物館，整理明義士博士收藏的大批甲骨文字。我從未想到會因此因緣而深涉中國古文物以及中國考古學的知識。

皇家安大略博物館原來是多倫多大學附屬的機構，兼有教學與展示的功能，一九六八年因擴充編制而脫離大學成為獨立的省屬機構。館藏的文物包括人類所有地區的文明以及科學各領域的資訊。其中以遠東部的中國文物最為有名，號稱是中國地區以外最豐富的十大收藏之一，很多藏品獨一無二，連中國都難得見到。

我在臺灣所受的專業訓練是有關中國學問的，既然身在以收藏中國文物著稱的單位服務，自然會變成同事們諮詢的重要對象。為了因應工作的需要，我只得擴充自己求知的領域，除了加強對中國思想、文學、語言等學科原有的訓練外，也自修考古、藝術、民俗、天文、產業等各方面的知識，以應付博物館的多樣化展覽主題，因此也就不自主地開始深入了解中國文物的必要知識。

在多倫多，我本有博物館與多倫多大學的穩定工作。但受到學長曾永義教授「回母系貢獻」的一再敦促，一九九六年應臺灣大學中文系之聘，回國來講授中國古代社會、甲骨學、文字學等課程，當時尚未有開設相關中國文物課程的構想。在一次餐會中，認識了世新大學通識課程的主任趙慶河教授，他談及想增加中國文物知識的普及化教學課程，我告以自己曾經在博物館工作，具有二十幾年參與中國文物的收藏與展覽的經驗，在加拿大的洋人社會裡也長期從事推廣中國文化的活動。他就問我是否可以考慮去世新大學開一門有關中國文物的通識課程，我答以何樂而不為。當時以為只是客套的交談，並未作教學的進一步打算。誰知開學前不久，突然接到電話，說通識課程已經排定了，請我準備上課。在匆促之間，就決定以我與同事們為介紹館藏重要文物所編寫的書，《禮敬天地，皇家安大略博物館的中國寶藏》"Homeage to

Heaven，Homeage to Earth – Chinese Treasures of the Royal Ontario Museum"（多倫多：多倫多大學出版部，一九九二年）作為講課的主要教材，輔以其他機構的典藏品。如此一邊教學一邊編寫教材，一年之後，初步的教材就緒，我也就把中國文物概說的課帶到臺灣大學去。

皇家安大略博物館的展示以主題為主，每個展覽的籌劃都像寫一篇論文。不但展示的整體內容有起承轉合的結構，個別文物的說明，除必要的名稱、功能、質材、年代、製造、裝飾等資訊外，還特別重視文物背後所隱含的生活與社會意義，希望觀眾於參觀後，能對展示的主題有明確的認識，而不是只瀏覽展品美麗的外觀而已。在長期受這種以教育觀眾為展覽目標的主導原則的影響下，我對於文物的認識常著重其製造時的社會背景，所以講課時，也經常借重我所專長的中國文字學、中國古代社會學，作綜合性的詮釋與引申。譬如：在介紹紅山文化的玉豬龍時，就借甲骨文的昌字談佩帶玉珮以驅避蚊子的可能；介紹大汶口的象牙梳子時，就借用甲骨文的姬字談髮飾與貴族身分的關係；教到東周的蓮瓣蓋青銅酒壺時，就談蓋子的濾酒特殊設計；介紹唐代的彩繪釉陶婦女騎俑，就談婦女生活解放與自主性的問題；對半坡文化的小口尖底紅陶瓶，就談中外以陶器運輸水酒的慣習；對唐代墓葬的伏羲與女媧絹畫，就談中國的鹿皮與結婚禮俗，以及古代臺灣原住民與漢族的關係。借金代觀世音菩薩彩繪木雕介紹觀音菩薩的傳說與信仰；借宋代太和銘雙龍紐鎛鐘談宋代慕古風氣與金人洗劫汴京的史實；利用刻紋木陶拍介紹陶器燒造的科學知識等等。

大部分同學對於這種涉及多學門、整合式的新鮮教學法感到興趣。有位在某出版社就職的同學找我談，說她們的總編輯對我講課的內容也有興趣，有意請我將講課的內容寫出來出版。在與總編輯面談後，初步決定撰寫一百四十篇，每篇約一千一百字，以一件文物為中心，選取新石器至清代各種不同類型的文物，依教課的模式與精神，談論各種相關的問題。至於書名，因博物館的展覽經常提供導覽服務，導覽員會對較重要的展品作詳細的解說，並申論個人的意見，這與本書撰寫的性質和目的非常類似，所以就把書名訂為《中華古文物導覽》。每篇文章都是獨立的單元，讀者可以隨意瀏覽，不必從頭讀起。

面談後我就興致勃勃的開始選件與寫作，誰知到了任務快完成時，因版權費的原因，我不簽合約，寫作的興致也就此打消，於寫完一百三十一篇後就輟筆不寫了。之後曾把部份文章改寫為六百字的專欄刊在國語日報上，但登了四十幾期亦中止了。後來國家出版社的林社長向我徵求甲骨學方面的稿件，我一時沒有甲骨學的著作，就想何不補足文物導覽的稿件交給該社出版。承林社長不棄，付梓問世了。

《中華古文物導覽》出版後，我接到大陸朗朗書社的電話，說這本書的寫作方式非常新穎，打算介紹給中國的讀者，問能不能授權給他們簡體字版的版權。我就請他跟國家出版社直接洽談。於取得簡體字的版權後，央求我多寫十篇文章。我也答應地寫了。出版時改名為《文物小講》。

《中華古文物導覽》出版後，我發現市面上不太容易找到這本書，但《文物小講》銷售卻不錯，再度簽了五年的合約。顯然並不是內容有問題賣不出去，而是銷售的方法不合適。我於是找臺灣商務印書館談，把國家出版社這本書的版權買下來，而我大幅擴增內容，預定完成全新的版本共四冊，並把教課的講義作適度的刪改，使其適合大眾閱讀。很高興洽談成功，把版權移轉到臺灣商務印書館。現在出版在即，把原委稍為說明如上。最後還希望學界先進，賜教是幸！

許進雄

民國一〇七年五月九日於新北市新店區

指聲彈玉

瓷奪珠光

壹、名窯與宋元生活——指聲彈玉，瓷奪珠光

第一章

質量俱佳的「真瓷器」

圖1-1　這件是北宋早期定窯所生產的香爐（或稱薰爐）。薰爐用於薰香衣物、驅逐蚊蟲或增加居室的氣氛。爐身黏附五個人面形獸足，均勻站立在環形座之上。爐子有覆蓋，蓋紐作一水瓶在托盞上的形象。蓋身及紐各有三個鏤孔，以讓煙氣漏出。這是從定縣靜志塔所出土的一百五十多件瓷器之一，是和尚使用的生活用具及佛前的供奉器，質量都非常的高，想見信徒們因信仰堅誠奉獻良多，才有這麼多的高價瓷器。從這個塔裡就發現了十件香爐，也可以知道當時對香爐的需求很高。

白陶的燒製是北方先發展起來的。南北朝時代釉陶的生產以南方較為發達，北方可能因為受到戰爭的影響，發展得比較慢，常模仿南方的產品，這件薰爐的造型就可能是受到浙江越窯的影響。為了與南方的青瓷競爭，北方另闢途徑，從胎體的質量下工夫，盡量把泥中的鐵質取

宋代定窯
大量製作品質精美

圖 1-1

定窯白釉瓷五足香爐，高24.4公分，口徑16公分，河北定縣出土，河北省定州市博物館。北宋，西元960～1127年。

掉，使胎體中不再參雜其他可能干擾釉色的色調。釉中的鐵氧化物在還原燄中呈純白或帶青色，在氧化燄中為白中泛黃。如果進一步把釉料中的鐵質也捨棄掉，並改以煤炭作為燃料就能燒出色調是象牙白透明釉的硬陶。白陶質地潔白堅硬，成為人人喜愛的產品，在宋代是民間向朝廷進貢的貢品。

宋代對於定窯優雅產品的需求甚高，所以陶工們很快就發展出提高產品生產速度及質量的技術來因應。首先，為了加速成形，就用印模印花和壓印形狀，像圖 1-1 這一件香爐，其五個人面形獸足顯然都是用同一個模子壓製而成。其他的部件，包括環形座、爐體、蓋子、蓋紐也大致都先以模印，然後再黏合而成。有些看起來形狀非常複雜的器物，其實只要二、三塊模子就行了。

其次是盡量利用窯裡的空間，以匣缽相疊及覆燒的方式，來讓同一個空間可以燒造更多件陶器，因此每窯所能燒

圖 1-2
定窯鑲銅口印花白釉瓷碗，高 5.7公分，口徑 20.3 公分，足徑 4.4 公分。北宋，十至十二世紀。

圖 1-3
定窯鎏金銅口白釉瓷碗，高 6.1 公分，口徑 16 公分，足徑 5.4 公分。
北宋，十至十二世紀。上乾隆題詩。

造的陶器數量大為超前。以前是每件燒坏都要正立地放在各自的保護匣中，一個個排列地上。新的方法則是用較大的匣缽讓很多件陶器以口緣朝下的方式層層相疊在裡頭。設計巧妙的環形支釘用以支撐燒坏，並使其間留有空隙。由於每個燒坏都有各自的支撐，所以報廢的薄壁容器也減少了。由於採用倒著燒的方式，器緣就沒有上釉，因為怕熔化的釉把成品黏固在支撐物上。沒有上釉的地方比較粗糙，就在器緣上包裹一圈紅銅或黃金（如圖 1-2），使摸觸起來滑潤。同時也利用斜坡，建造長龍形的窯，長者達五十公尺，一次可以燒造上千件器物，以達到出貨快、成本低的要求。

宋代朝廷不但增加瓷器的需求量，並派官員監製，對品質的要求很高，因而帶動了燒造技術、裝飾方法、釉色變化等的革新，使得質量大為提升，以致西洋人認為從此才算得上是真瓷器。官窯的建立，刺激民窯也競起仿效，全面拉提了燒瓷的質量。

圖 1-4
定窯刻花雞首白釉瓷淨瓶，高25.5公分，河北省定州市博物館藏。北宋，西元960～1127年。

圖 1-5
陶支燒具，杭州老虎洞元代地層出土。元，西元十三至十四世紀。

圖 1-6
八思巴文陶支燒具，杭州老虎洞元代地層出土。元，西元十三至十四世紀。

圖 1-7
定窯弦紋三足白釉瓷樽，高 20.2 公分，口徑 15.9 公分。北宋，十至十二世紀。白中閃黃。

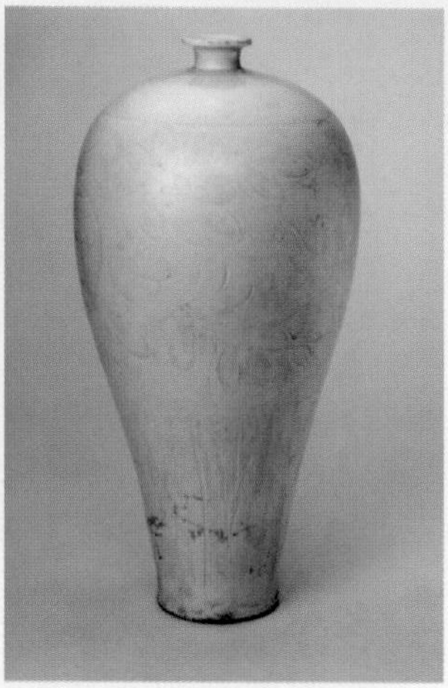

圖 1-8
定窯白釉瓷刻花梅瓶，高 37.1 公分，口徑 4.7 公分，足徑 7.8 公分。北宋，十至十二世紀。白中泛牙白。

圖 1-9
定窯白釉瓷蓮紋長頸瓶，高 18.7 公分，口徑 6.5 公分，底徑 9 公分，定州出土。北宋，西元 960～1127 年。

圖 1-10
定窯黑白釉瓷轎，高 15.5 公分，長寬 10×10 公分，定州出土。北宋，西元 960～1127 年。

圖 1-11
醬釉（紫定）金彩瓷壺，高 18.1 公分，安徽省合肥市文物管理處藏。北宋，西元 960～1127 年。

圖 1-12
定窯紫釉瓷盞托，高 7 公分，口徑 6.3 公分，足徑 5 公分。北宋，十至十二世紀。

第二章

受到官家賞識的龍泉青瓷

洗是一種盥洗的器具名稱，特徵是口大、腹淺。原是用以洗手腳或顏面，以不易損壞的材料製作。但是圖1-13這一件用陶土製作，口徑才十三公分，若用以盥洗，可能太小而不便使用。宋代的文人講求生活的品味，許多生活小器具都做得精緻而可愛。這一件可能與硯臺加水的水注（硯滴）配套，擺在書桌上用以清洗毛筆，或繪畫時調整墨色的濃淡。

宋代士人仰慕古代，生活器具常模仿古代的器形，圖1-13

龍泉青瓷

豐厚柔和滋潤如玉

圖 1-13

龍泉窯青釉瓷雙魚洗，高 6 公分，口徑 13.5 公分，足徑 13.5 公分。南宋，西元 1127～1279 年。

這件筆洗可能也是在同樣的心態下所製作。漢代的銅洗也是平底的，由於魚的讀音諧「餘」，因此自商代以來就被用以表示有餘的願望，銅洗的器內底部也常鑄有魚的紋飾，象徵富裕有餘。這件筆洗在器內底部貼砌了兩條魚，且為了適應使用的需要，在底部加了圈足。魚鰭尾展現搖動姿態，裝水後看起來好像在游泳，增加不少趣味。這兩條魚是先貼到坏胎上再多次上釉製作的。也

圖 1-14
龍泉窯青釉瓷貼龍瓶，高 19 公分，浙江省博物館藏。南宋，西元 1127～1279 年。

圖 1-15
龍泉窯雙耳青釉瓷爐，高 8.4 公分，口徑 8.5 公分，足徑 6 公分，浙江吳興出土。南宋，西元 1127～1279 年。

有在器物上了釉之後，再堆貼上魚兒的方法，沒有上釉彩的魚會變成粗糙的紫紅色，別有一番風味。這種裝飾手法稱為露胎貼花，或叫素燒貼花。有些佛像龕（ㄎ）也用這種方法，佛像露胎，龕則上釉。不過除了龍泉窯外，其他窯場似乎不見如此做法。口沿的四個小孔兩兩相對，可穿過繩索以方便提攜或懸掛。

圖1-13這件讓人感覺溫暖的粉青色瓷器是龍泉窯的產品，屬於青瓷的系統，以鐵為著色劑。浙江北部青瓷的生產自東漢晚期以來就一直非常的有名，釉彩的配方和燒窯溫度的控制一直不斷在改善，唐宋時代稱為越窯。但，北宋中期以後，瓷器的生產中心就

圖 1-16
龍泉窯青釉瓷刻花盤，高 3.2 公分，口徑 15.5 公分，足徑5公分。南宋，西元 1127～1279 年。足內無釉，釉色泛黃，火候過高，非高級品。

圖 1-17
元龍泉窯雕花及貼花青瓷水注，高 22.4 公分。元，西元 1271～1368 年。

逐漸轉移到浙江南部的龍泉地區，以生產日用器物為主。南宋至元代產量極盛，品質也更加提升，現今已發現超過三百處的窯址。

龍泉窯的陶土原料得自附近，窯床是長條斜坡狀，長二十六至八十公尺不等，寬一・五至二・八公尺，坡度十至十八度，窯前及尾部廢品率高。龍泉窯承繼越窯的技術，初期的產品也受到越窯的影響，胎體厚重，釉層透明勻淨，橄欖綠色的釉會積聚在刻劃的紋飾上，形成較深的色調。後來技術改進，發展出一種有藍色調、發亮、濃厚且半不透光的釉彩。這種新的釉料可以減輕及淡化刻劃紋飾線溝的深銳感，使得紋飾的刻劃幾乎變成多餘，所以後來很少使用刻劃的裝飾，只偶爾在表現界線或範圍的輪廓時才使用。

龍泉釉彩的種類有粉青、豆青、梅子青等細微的變化，相當細緻。龍泉窯有著均勻的器形、高貴的釉彩，整體看起來豐厚柔和，滋潤如玉，因而受到官家的賞識，成為上貢土產，也成為北方窯場的仿效對象。

由於所覆蓋的釉彩厚，胎體與釉料的膨脹率不平衡，造成釉層有不規律的網狀裂紋，學界稱之為開片或紋片。裂紋原是一種缺陷，但其色調有的較深，有的清淡如冰，因化學成分的不同而有微妙且富趣味的多樣變化，結果反而成為賣點。不知是因為其技術不為一般的窯場所知，或使用該技術有所限制，有開片的青瓷幾乎都是官家的產品。

圖 1-19
龍泉窯青釉瓷五孔蓋瓶，高 30 公分，口徑 7.2 公分，足徑 9.5 公分。南宋，西元 1127～1279 年。有四至六管，多不與器身通，大半裝骨灰用，所以有佛塔式蓋子。

圖 1-18
龍泉窯青釉瓷琮式瓶，高 25.2 公分，口徑 6.2 公分，足徑 6 公分。南宋，西元 1127～1279 年。

圖 1-20
宋龍泉窯刻花青瓷梅瓶，高 19.7 公分。約西元十一至十二世紀。顏色與一般不同。

圖 1-21
龍泉窯青釉瓷鳥食小罐，高 3.9～1.5 公分，口徑 5.3～2.4 公分，足徑 3.2～2.1 公分。南宋，西元 1127～1279 年。

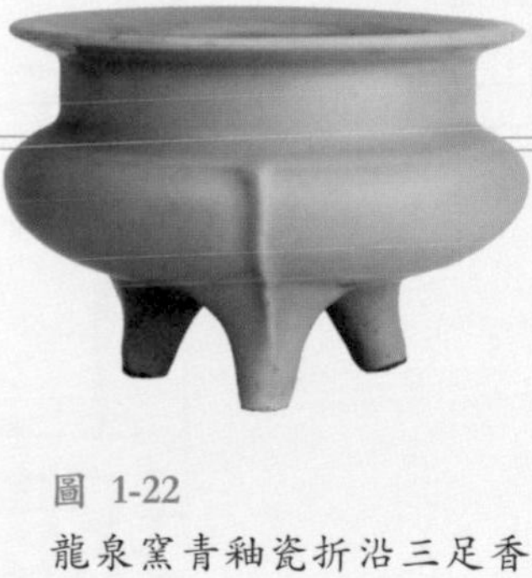

圖 1-22
龍泉窯青釉瓷折沿三足香爐，高 13.2 公分，口徑 16.7 公分。南宋，西元 1127～1279 年。

圖 1-23
龍泉窯青瓷荷葉蓋大罐，高 30 公分，江蘇省溧水縣博物館藏。元，西元 1271～1368 年。

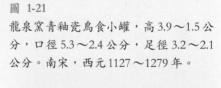

第三章

獨特豔麗的桌上擺飾：鈞窯花盆

圖1-24 這件六圓角形深腹的器物名叫盆。盆底留有五個小孔。早在距今七千年前新石器時代就有在陶器底部挖小孔的設計，以便透氣蒸煮食物。但是從此器內外滿塗著釉彩，可推知這些孔洞的功能應該不是蒸食，而是為了栽植花卉的排水而設。

這件花盆通體依葵花的造形設計。盆口如六片葵花花瓣外折，器身則如一朵葵花，圈足也塑造如六片花瓣形。其花瓣交接處也都以凹凸的縱線謹慎地表現，是一個經過細心刻劃修整而成的成品。花盆通常與托盤成套使用，以承接盆子滲下來的水分。

這件花盆除了圈足內的部分不施釉彩外，內外都塗滿瑰麗的紅、紫交融的色彩。它燒造的

變化多端色彩鮮明
炫麗鈞窯

圖 1-24

鈞窯葡萄紫釉瓷葵花式花盆，高 14.2 公分，口徑 20.5 公分，臺北故宮博物院藏。北宋，西元 960～1127 年。（下左：器內。下右：器底。）

時候，使用支釘襯托底部，所以葵花瓣口的圈足也都上釉。這種豔麗的色彩是河南禹縣在宋代所創發出來的獨特產品。該地古代屬於鈞州管轄，所以稱呼這種產品的產地為鈞窯。

鈞窯使用高溫的雙火膛窯室來燒造，其結構便於從氧化燄轉還原燄，銅還原的紅色釉與鐵還原的青色釉混合，燒出光亮的紫紅變幻色澤。這種獨樹一幟的色彩，古人不了解其成因，難於控制其色調，所以稱之為窯變。現在我們已經可以完全了解其形成的原因，那是因為釉層比較厚，在連續的玻璃相介質中，懸浮著無數圓球狀的小顆粒，並從中散射短波光，使釉面呈現藍色的乳光。釉色的差異，一來受銅、鐵劑量的影響，二來也受到器形凸凹的影響。像圖1-24這件的口緣部分，因為施釉彩較薄，所以能透過釉層見到裡頭淺黃灰色的胎體。而在釉彩聚積比較厚的地方，大量的氣泡和小晶體會將光線擴散，所以就像青瓷一樣，有明亮與乳白光的效

圖 1-25
鈞窯月白釉瓷鑲金口出戟尊，高32.6公分，口徑26公分，足徑21公分。宋官窯，十二世紀。底部刻「三」，整套第三大。

圖 1-26
鈞窯月白釉瓷尊，高21.5公分，口徑23公分，足徑13.5公分。宋官窯，十二世紀。細紋開片，底部刻「二」，並有五孔。

果。器物上鐵還原的基本色調，一般分為較深的天藍，較淡的天青，和更淡的月白。加上銅還原的數種不同紅色，就有各種各樣的顏色混雜變化，色彩名稱超過十種。

鈞窯是以釉色的多變化取勝的，所以偏重於造型的設計，不多加花紋的裝飾，也較少考慮胎體的顏色是否干擾釉色，不關心胎體是否潔白。宋代官方對於鈞窯的生產質量很重視，派有官員監督其生產的品質，所以有很多鈞官窯的作品存世，圖1-24這件花盆就是其中之一，其燒造的時間大概是北宋的晚期。

花盆的使用意味著對於生活品質的重視。花草是生長在大地的東西，把它們移植到盆子裡，無非是為了栽培新品種或就近觀賞。這件花盆通體施釉彩，連圈足也不放過，表明它一定是作為觀賞使用，而且是擺在距離地面較高，眼睛較容易見到的位置，亦即間接說明當時已有家具的使用。家具是東漢以後慢慢發展的，可能到了唐代才較為普及。唐代的貴族尚武，喜好戶外活動，還比較不注意家居的品味。但宋代的士人雅好文藝，純為觀賞的玉器、銅器製作遠勝前朝，很可能在桌上擺設的花盆就是這個時代才大量生產的商品。

圖 1-27

鈞窯天藍色釉瓷六角花瓶，高 13.1 公分，口徑 22.5×15.2 公分，底 13.4×8.4 公分。宋官窯，十二世紀。底部刻「八」，並有七孔。

圖 1-28
鈞窯葡萄紫釉瓷蓮花式花盆，高 18.2 公分，口徑 26.7 公分，北京故宮博物院藏。北宋，西元 960～1127 年。

圖 1-29
鈞窯藍釉瓷香爐，高 42.7 公分，口徑 25.5 公分，內蒙古自治區博物館藏。元，西元 1271～1368 年。

圖 1-30
鈞窯藍釉瓷紫斑敞口折沿盤，高 3.2 公分，口徑 18.1 公分，足徑 7.8 公分。宋，十至十三世紀。

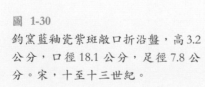

第四章

黑白分明的磁州窯

圖1-31這個大罐作小口溜肩鼓身平底的形狀，應該是裝酒用的。除底部外，可以見到的部分都施行釉下黑彩，口沿下的肩部和器身的上半部還剔刻出折枝花卉和其他的裝飾紋。這種釉下剔花的裝飾手法是宋、金時代磁州窯最具特色的風格之一。釉下剔花的技法是將紋飾以外的表面剔除，使留下的紋飾具有浮雕感，但撫摸起來卻平順光滑，白色的胎也達到烘托深色主題紋飾的目的。它的製作方法是：器形塑造完成後，先在素胚上加一層潔白的化妝土，然後以黑色塗料整個覆蓋之，接著再用尖狀工具在黑色層上把不要的部分去掉，留下紋樣的外廓及花瓣枝葉筋脈等細節；去掉的只是黑彩的表層，以露出白色的化妝土，最後打上一層薄而透明的玻璃釉入窯燒烘，出爐後就有黑白強烈對比的裝飾紋樣，很受大眾的喜愛。剔花技術的主要設計是留下大片的黑彩，所以紋樣不以纖細為訴求。這種裝飾手法比較費工，成品的價格比較高，因此瓷土的選料也往往比較高級。圖1-31這件的器底有墨書「郭舍住店」，應是旅店所購置的。

釉下剔花的高級瓶
磁州特色

圖 1-31
黑釉瓷剔花小口瓶，高24公分，口徑4.3公分，足徑11.5公分，山西天鎮縣出土。金代，西元1115～1234年。

圖 1-32
磁州窯白地黑花瓷枕，高10.4公分，面長29.9公分，寬22.5公分。宋代，十至十三世紀。

金、元時期的旅店要規模相當大的才會供應酒食，這個店使用高級的酒罈子，想見其等級不低。

磁州窯的生產地區約在河南、河北、山西一帶，但以河北磁縣漳河兩岸，邯鄲觀台鎮的產品最具代表性，因此地屬古代的磁州管轄，所以稱之為磁州窯。磁州窯的基礎是白瓷，即在白色的器胎上使用透明釉。這是北地的窯場為了與南方的青瓷爭勝而發展出來的作品，所以磁州窯的燒造可以上溯到唐代燒白瓷的諸民窯。宋代的生產保存了白瓷的傳統特色，主要的產品都在白瓷的基礎上謀求變化，如白釉劃花、白釉剔花、白釉綠斑、白釉褐斑 白釉下黑彩、白釉下醬彩、白釉釉下醬彩劃花、珍珠地劃花等多種。

宋代貴族喜愛優雅、純潔的釉色與器形，對於磁州窯強烈的對比色彩、繁雜多樣的裝飾手法及題材自由活潑的民間風味不感興趣。磁州窯可能無法與南方適合貴族品味的產品競爭，所以選擇適應民間一般的需要，主要生產大眾化的日用器具，因此很難看得到為文人學士所需的清供、擺設等雅緻的物品。

黑白最具色彩對比的效果，磁州窯的另一種特色產品是釉下鐵繪（見圖1-32），技法和剔花相似，也是在胎上先加一層白衣，然後用鐵質顏料繪畫圖案，再罩上一層白色透明釉，因此產生黑白分明的圖畫。不但線條活潑自由，內容也盡是庶民大眾常常見到的景象、常常做的事，諸如嬉戲的小孩、牛羊兔禽、漁釣遊樂，甚至歪詩、曲文，增加很多生活的親切感。由於它是民間的商品，圖案富有民間的意趣與幽默感，有時圖畫拙劣、書法幼稚，像是初學的作品，但購買的人似乎並不在意。

圖 1-33
磁州窯綠釉瓷黑花梅瓶，高38.5公分，口徑3公分，足徑9公分。宋，十至十三世紀。在白地黑花上罩綠釉，是磁州窯中較名貴者。

宋、金時期磁州窯的釉下鐵繪雖然沒有得到高層人士的讚賞，但到了元代，採用鈷原料在釉下彩繪，得到比較柔順的藍白對比青花，就大受高層人士的歡迎，青花瓷就成為元代絕對占主流的高級瓷器了。

圖 1-34
磁州窯系刻花白衣棕色釉瓷罐，高 35.7 公分。金元時期，西元十三至十五世紀。

圖 1-35
元磁州窯系釉下鐵繪白衣透明釉瓷龍鳳紋大罐，高 42.5 公分。西元 1271～1368 年。

圖 1-36
磁州窯鏽斑黑釉瓷蓋碗，高 10.3 公分。金，西元 1115～1234 年。

第五章

充滿巧思的吉州樹葉紋

唐代的茶具以越窯的青瓷與邢窯的白瓷為主。到了宋代，飲茶風氣改變為點茶，茶具的釉色亦改為黑色。圖1-37這件茶盞敞口圓唇，腹深而微向內斜收，小圈足，是當時常見的茶盞器形。器內外都施一層石灰釉系統的黑釉，並以鐵為顯色劑，器口因釉層薄而呈褐色，其他部分則釉層厚而呈黑色。器內有大片的不規律褐色紋飾，那是吉州窯的創舉，以天然的樹葉造成，網狀的葉脈隱然可見，佳趣天成。此為吉州窯的獨特手法，不見於其他的窯址。

宋代的瓷器開始能量產，大大降低了燒造的成本，使得一般大眾也購買得起，所以上自王公大臣，下至販夫走卒，無不使用。凡是能以陶土塑造的都可燒製，所以不但器用的種類多，

吉州窯

產品多樣迎合市場

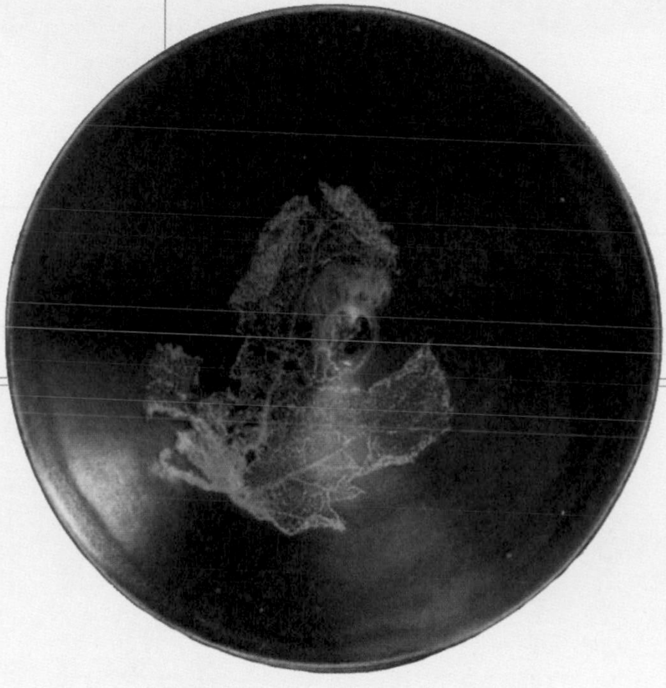

圖 1-37
吉州窯樹葉紋黑釉瓷茶盞，口徑 15 公分，加拿大皇家安大略博物館藏。南宋，西元 1127～1279 年。

圖 1-38
吉州窯剪紙貼花瓷碗，高 6 公分，口徑 12.3 公分，足徑 4 公分。南宋，西元1127～1279年。

產量也非常大。那時候，有的窯場專門生產高級品供權貴使用，有的則生產價廉的民間生活用器。燒造圖 1-37 這種茶盞的吉州窯就是屬於民窯系統之一。民窯經常仿製其他名窯的產品，圖 1-37 這個茶盞就是仿福建建窯的黑釉作品。

吉州窯址在今日的江西吉安縣，唐、宋時代均屬於吉州管轄，所以稱其產品為吉州窯。他們經常仿燒其他名窯的產品，所以產品多樣化。而且為了迎合市場爭奇鬥豔的需求，也嘗試各種新產品的開發，樹葉紋是其中之一。其作法是摘取樹葉浸泡於水中使柔軟化，可以較自然地附著於彎曲的器胎表面上。接著在葉上塗含有金屬的釉彩料，然後再罩上一層透明或淡色的釉料。當樹葉被高溫燒成灰燼時，葉子的外型和所塗的金屬彩料自然烙印在器物的表面上。釉料在高溫下也吸收灰燼，形成細砂似的結晶色斑，因此一片具有天然脈絡花紋的樹葉紋就出現在陶器上。每一片樹葉的形狀和色調都不一樣，都有其自然的天趣，令很多人喜愛。

如果希望顯現的是某種特定的圖案，也有辦法，如圖1-38的剪紙貼花樣式。

圖 1-39

吉州黑釉下彩繪淺黃色硬陶帶蓋罐，高26.9公分。元代，西元1271～1368年。

圖 1-40

吉州窯黑釉瓷剔花梅瓶，高19公分，口徑5公分，足徑6.8公分。南宋，西元1127～1279年。花紋露黃色胎，花蕊用褐彩勾畫。

作法是先在器胎塗上含鐵量高的釉料，然後在此釉料上頭貼剪成特定圖案的紙張，包括紙樣的整體再塗上一層鐵含量較低的釉料，然後抽掉紙樣入窯高溫焙燒，就會在淺褐色釉的背景上顯現醬黑色的剪紙圖樣。用這樣的方式，除了圖案，連一般的吉祥文句也可以出現，增加購買者的意願，當然也接受特殊文句的訂貨。另外還有一種特殊的釉彩，也見於茶盞，稱為玳瑁盞。那是在施用含鐵量高的黑釉同時，不經意地在不同地方施含鐵量低的淡黃釉色。一經高溫焙燒，不同顏色

圖 1-41

吉州窯玳瑁斑釉瓷碗，高 4.6 公分，口徑 14.8 公分，足徑 3.6 公分。南宋，西元 1127～1279 年。

圖 1-42
黑釉樹葉紋陶盞，高 5.5 公分，口徑 14.8 公分，江西南昌出土，江西省博物館藏。宋。敞口，斜腹壁，矮圈足，黑釉，肥厚勻淨，底足露胎，吉州窯特色。

的釉層就相互流動滲透，形成黑釉裡有不規律的條狀黃斑紋，與海龜玳瑁背上的花紋相似，非常醒目瑰麗，所以才這樣取名（見圖 1-41）。玳瑁是海中珍物，也得很多人的喜愛。

吉州窯的陶工為了爭取市場，雖然沒有歷史悠久的傳統或品質良好的瓷土，但他們不只是模仿、參考其他窯場的技術優點，更能夠動用巧思，以簡易的方法燒造出這些獨特而感人的品種，令人佩服。

圖 1-43
吉州窯黑釉加彩瓷碗，高 4.5 公分，口徑 10 公分，足徑 3 公分。南宋，西元 1127～1279 年。

圖 1-44
吉州窯窯變釉瓷碗，高 5.3 公分，口徑 12 公分，足徑 3.1 公分。南宋，西元 1127～1279 年。

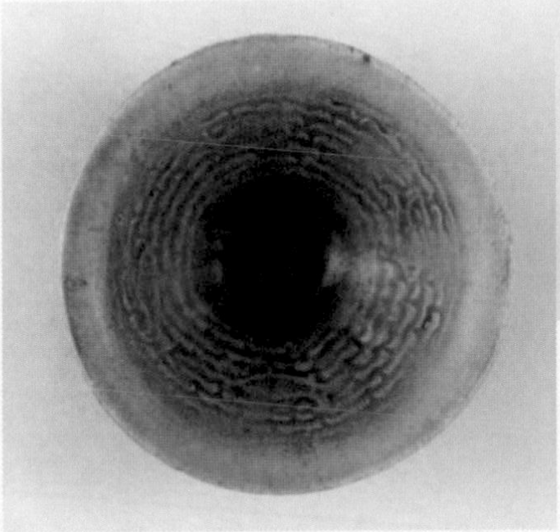

圖 1-45
吉州窯綠釉印花瓷碗，高 4 公分，口徑 10.3 公分，足徑 3.7 公分。南宋，西元 1127～1279 年。

圖 1-46
吉州窯彩繪奔鹿紋瓷罐，高 19.5 公分，徑 10.4 公分，江西省博物館藏。南宋，西元 1127～1279 年。

第六章

嚴禁民間窯場仿製的官方紋片

宋代的士大夫對於中國古代的文化非常的嚮往，所以對於考古很有興趣，出版了不少研究古代文物的書籍，也仿照古代器物的造型，製作了不少種的書案擺設器，以發思古之幽情。圖1-47這件雖然造型有點變化，但其實就是仿造漢代常見的溫酒銅器。漢代的青銅溫酒樽作有蓋的直壁圓筒形，器身的中段有兩個對稱的銜環獸首，身下有等距離的三個獸足支腳。圖1-47這一件除了沒有銜環獸首以及缺蓋子以外，其他造型都一樣。紋飾除整體施了厚厚的青藍色釉彩以及上二、中三、下二共七道凸出的弦紋，別無其他的裝飾。這個時代欣賞的重點是器形以及釉彩，並不在意裝飾的圖案。

思古幽情仿古之作
三足樽

圖 1-47
汝窯天青釉瓷弦紋三足樽，高 12.9 公分，口徑 18 公分，底徑 17.8 公分，北京故宮博物院藏。宋官窯，西元十二世紀。

圖1-47 這件青釉瓷，除了器底有五點細如芝麻的支釘痕以外，通體內外都塗滿了釉彩。支釘是用細小的支點把上釉的坏放到匣缽裡頭焙燒的窯具。匣缽能讓一窯可燒造更多件器物，也更保證燒製得成功。支釘痕顯露的胎質細緻而略帶灰色。因為釉層很厚，坏胎的色質不會對釉色造成干擾，所以不必太講究胎體的呈色是否完全潔白。釉的顏色和一般宋代的青瓷不一樣，顯得較深，有如晴天的顏色，所以名之為天青或天藍。它表面溫潤，予人有如觸摸玉器的感覺。這種非常高級的產品傳世很少，多出於宮廷。從細小的支釘痕以及天藍釉色，可推測是文

圖 1-48
官窯天藍釉瓷弦紋瓶，高 33.1 公分，口徑 9.8 公分，北京故宮博物院藏。北宋，西元 960～1127 年。

獻所稱，專門燒造宮廷用器的汝窯作品，因此也稱作汝官窯。其釉色之所以特別晶瑩，傳說是因為釉料之中加入了紅色的瑪瑙。瑪瑙是種貴重的礦石，有紅、黃、白諸種顏色。根據近年的科學實驗，釉料加入瑪瑙以後確實能讓釉色的色澤滋潤。

汝窯是以窯址在古代的汝州得名，但是窯址的確實地點則一直不清楚。經過幾十年來的考察，八〇年代才在河南臨汝縣的寶豐清涼寺，找到燒製工具與傳世汝官窯特徵吻合的瓷器殘片，確定汝窯的窯址。汝窯替宮廷燒製瓷器的時間並不長，主要在北宋後期，約西元一一一一至一一二六年之間，所以完成的作品不多。根據研究，目前存世只六、七十件，主要

圖 1-49
汝窯青釉瓷筆洗，高 3.5 公分，口徑 13.6 公分，足徑 9.3 公分。
北宋，西元 960～1127 年。

收藏於北京故宮與臺北故宮。

圖1-47這件天青色的三足樽，釉彩均勻潔淨，滋潤如玉，表面有細小的紋片。紋片形成的原因是因為釉層較厚，以致胎體與釉層的膨脹係數相差太大，又在某段溫度時冷卻太快所致。釉層比較薄的區塊形成的紋片較細密，釉層愈厚形成的紋片就愈粗疏（如圖1-50）。形成紋片本來是焙燒時的一種缺陷，但因為不損及胎體，而且又佳趣天成，別有一番風味。宋代宮廷一定持續的對這種天然的佳趣非常欣賞，所以南、北宋官窯的作品幾乎都是有紋片的。而且，還可能嚴禁其他的民間窯場仿燒有紋片的成品。在一般的情況下，上有好者下必仿效之，如果不加管制，民間肯定會仿燒皇室喜好的瓷器品種而多燒開紋片的瓷器。但是，宋代民間生產出的有紋片青瓷器卻寥寥無幾。這種現象，除了官家嚴格管制之外，應該不會有其他的原因。

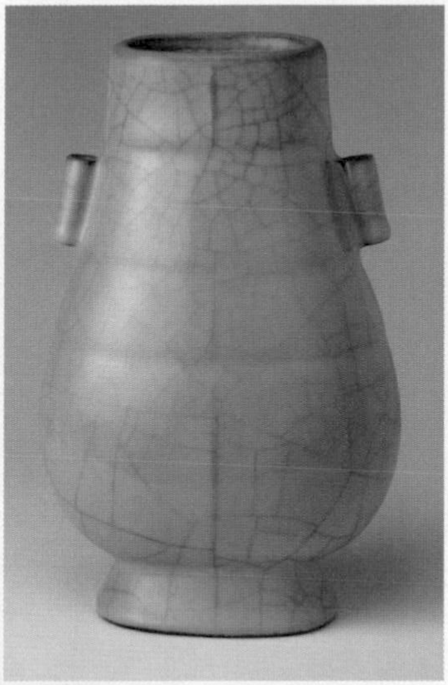

圖 1-50
官窯青釉瓷貫耳瓶，高 22.8 公分，口徑 8.3 公分，足徑 9.6 公分。南宋，西元 1128～1278 年。

圖 1-51
汝窯天藍釉瓷三足盤，高 3.6 公分，徑 18.2 公分，北京故宮博物院藏。北宋，西元 960～1127 年。

第七章

聲名遠播的景德鎮影青瓷

圖1-52 這件茶壺的器身像一個有稜的扁圓瓜形，一端的肩上有向外斜伸的管狀流，另一端持拿的把手作彎曲的寬帶。作器者沒有要把它設計成完全的瓜果意思，所以蓋子不作瓜蒂的形狀而作圓盒形。圓盒形蓋壁的一邊還有兩個不穿透但相通的小圓孔，用以繫繩綁在把上，以免掉落摔破。器底作圈足。

除了圈足的部分，瓷器全體塗著一層青白色的釉彩。圈足之所以不上釉彩，是因為高溫燒烤時釉彩會流動，如果整體都塗上釉彩，流動的釉料會把瓷器黏附在窯的地面上而拿不起來，所以要留下空間。從釉彩完全不會參差不齊這一點可以看出控制火候的技術已很高明，應該可

影青瓷
瓷器重鎮得意之作

圖 1-52
青白釉瓷瓜式蓋壺，高 9.8 公分，口徑 2.5 公分，足徑 5.5 公分。南宋，西元 1127～1279 年。

以做得更盡善盡美。如果在圈足內用支釘把器胎撐高使與地面隔絕，就可以燒出器物外觀全體上釉的作品。宋代比較高級的瓷器已是如此燒造，但可能這件是以一般大眾為對象的商品，所以沒有施用最細的工巧。

這件瓷器的釉彩有專門的名稱，現在稱為影青，以前又有青白、隱青、映青、印青等名稱。因為這類瓷器的胎體潔白細密，釉彩的顏色只有一點點泛青，在釉層較薄的地方只見白色，在較厚的地方才見一些青綠的色彩，所以有這樣的名稱。這種景德鎮所獨有的釉彩特色，與北方的白色透明釉以及南方不透明的青色釉都不同，很得當時人們的喜愛。宋代南北各地窯場並駕齊驅，各有專擅的產品，但到了元代，就成景德鎮窯一枝獨秀了。

影青瓷器的特點與浙江的龍泉窯有共同點，就是以釉彩的清純為主要訴求，不加太多干擾的裝飾。讓器體因曲折處所留住的釉彩厚薄不同而顯現出釉彩有自然深淺的變化。很常是在器表上劃刻或印上淺溝的花紋，使其隱約露出泛青的圖案。圖 1-52 這件很明顯表現出瓜稜的凹處，且比較低下的位置色彩就比較深。它整體有似玉器的感覺，玉是中國人幾千年來敬重的材料，這一點是其他窯場所比不上的地方，作器關鍵乃在於所用的瓷土材料。景德鎮窯所用者為當地含鐵量

圖 1-53
影青釉瓷酒壺帶溫酒座，高 22.7 公分，江西省博物館藏。南宋，西元 1127～1279 年。

非常細微的高嶺土。鐵是陶器燒成後呈色的最重要因素，高嶺土所燒出來的陶器特別潔白，在高溫下燒成的胎質細薄堅緻不透水，色澤優雅，明淨潔麗，叩之聲音清脆。西方人認為這樣才算是真正的瓷器，其他的只能算是硬陶而已。

江西景德鎮從五代起就開始燒造陶瓷器，與起是在北宋初，採用一匣裝一器的方法燒製，避免火直接接觸器物。就因為燒製瓷器著名，於北宋景德年間改以年號命名這個地方。商業的契機使得景德鎮的工匠不斷研發燒造的技術和新品種，宋代就出現不少仿製景德鎮的產品，可以說是當時重要窯系裡頭影響最大的。技術和品種可以仿效，但瓷土的品質是沒法取代的。儘管景德鎮並不鄰近於通商的口岸，不是理想的製造地，

圖 1-54
青白釉瓷刻花葵花瓣口盤，高 3.8 公分，口徑 16.1 公分，足徑 5.2 公分。南宋，西元 1127～1279 年。釉面不潔淨，有點狀黑斑。

圖 1-56
青白釉瓷人形注子，高 23.9 公分，口徑 22 公分，安徽省懷寧縣文物管理所藏。北宋，西元 960～1127 年。

圖 1-55
影青釉瓷觀音像，高 67 公分。元，西元 1271～1368 年。

但各地的陶工為了就近使用瓷土，只得遷來附近建窯，業務之盛，整個市鎮連黑夜也火光熊熊如同白晝。尤其是元代興起的青花，顏色鮮豔，裝飾在白色瓷上的對比效果更好。就這樣，因為坐擁豐富的自然資源、成熟的技術和廣大的市場，即使別地的窯場都逐漸沒落，但景德鎮的製瓷業仍一枝獨秀，一直到民國，更是成為了全國瓷業的中心。

第八章

帶領飲茶風尚的建窯茶碗

飲料的茶，在唐代之前作茶，原是種苦味的蔬菜，可能在長期的食用中，發現具有清熱解渴的效用，味道也清香可口，就漸流行而作為飲料。西元前一世紀，王褒的〈僮約〉提到要求僕人「烹茶盡具，餔已蓋藏」、「武都買茶，楊氏擔荷」，可知當時烹茶已是日常的飲料，且有沿街叫賣的事實了。

到了唐朝，飲茶風氣更為普遍，有專門賣茶的茶館。有錢人家甚至開闢專室享受飲茶樂趣，講究沏茶的用具自不在話下，甚至把茶葉碾成粉

最適合飲茶的瓷器

兔毫紋磁碗

圖 1-57

建窯兔毫紋瓷碗，高 6 公分，口徑 11 公分，足徑 3.5 公分。南宋，西元 1127～1279年。

末的茶碾子也用上了高級的鎏金銀質製作（如圖1-58）。唐、宋時代的點茶有如客家人的擂茶，茶末之外還加上油膏、米粉、薑、葱、桔皮、薄荷、棗、鹽等物一起食用。宋代晚期飲茶的方式開始有了變化，到元代後期大為興盛，將茶葉蒸青、烘乾，飲時直接將茶葉放進壺或杯中沖沏，一如今日的方式。此法不但節省沏泡的功夫，也更能品賞茶的清香。

圖1-57這件硬陶碗，是宋代很受歡迎的沏茶器具，賣點是所施厚厚的黑釉層中，出現絲絲細若兔毫的花紋，這種特殊風格的釉彩，是福建建陽縣建窯的特有產品，有鷓鴣斑、兔毫、兔毛斑、玉毫、異毫、兔褐金絲等種種不同的名稱。這個碗的口部因為釉層較薄而呈醬色，碗口下的內外部分因釉層漸為積厚而成黑色的兔毫紋，圈足的上端則是積集如瘤，狀似流動的釉彩。

此種兔毫的形成與福建陶土的質量有絕對的關係。一般

圖 1-58
鎏金鴻雁流雲紋銀茶碾子，長27.5公分，高 7.1 公分。唐，咸通十年（西元869年）銘。

的陶器以胎體潔白為上乘，茶盞也使用白瓷或青瓷燒製的為主。飲茶以往用烹煮的方式，唐代則開始「點茶法」，是把茶葉製成半發酵的膏餅，飲用之前先把膏餅碾成細末狀，放在茶盞內，然後以剛燒滾的開水沖灌，使水面浮起一層白沫。宋代演變成同好們對茶的色、香、味進行評比的鬥茶習慣。為了好好地觀察茶沫的顏色，黑色較之其他釉色瓷更能夠襯托白色的茶沫以及保持茶的溫度，因此黑釉受到飲茶者的喜好。

福建的陶土含氧化鐵的量高達百分之九，燒出來的胎色相當黑，很難用其他釉色把它蓋過，因此就順其自然發展出黑釉或不加釉彩的素燒產品。在高溫焙燒時，胎中高

圖 1-59
黑釉瓷三足爐，高 7 公分，口徑 16 公分。南宋，西元 1127～1279 年。彩為任意點畫。

含量的鐵質有部分會融入釉彩之中，因此在燒成的過程中，釉層會產生氣泡而將其中的鐵質帶到釉層的表面上來。當溫度升到攝氏一千三百度以上而使得釉層流動時，含鐵質的部分流成條紋，冷卻時從中析出赤鐵礦小晶體，因而形成兔毫紋。吉州窯玳瑁斑的形成也是同樣的原理。建窯在燒造黑釉之前也製作過青瓷，但宋代既然因飲茶重視黑釉的茶具，建窯也就以此勢大大發展出一系列的產品。從發掘的窯址裡的墊餅有「供御」、「進琖」等字樣，推知也當作貢品，可見得上至帝王、官僚，下至平民、走卒，無不使用建窯的茶盞。建窯的茶盞常在內壁口下留有一圈凹溝，除了有注熱湯高度的標竿作用之外，也有使茶湯不易散發，茶面聚乳不破的效果。

第九章

古人使用的枕頭是硬的？

圖1-60這件瓷枕是宋代有名的定窯白瓷，除底部素胎，通體施行白釉。塑造一個男孩以左臂支撐著頭，右手在左臂之下而持拿有絲穗的繡球。上身長袍加外罩，下身長褲，兩足翹起，穿軟鞋而伏臥在有雕飾的床上的樣子。面容帶笑，胖嘟嘟的稚氣模樣，令人喜愛。其造型含有人們生育男孩的願望。陶枕常見裝飾有男孩手持蓮葉的圖案，通過諧音的隱喻，含有連子，即世代有男性子孫的希望。或更有一隻鴨在男孩之旁（如圖1-61），鴨子諧甲的音，即含有「子連甲」，希望子孫接連登上進士的榜甲。

充滿童趣
臥床男孩瓷枕

圖 1-60
臥床男孩形定窯白瓷枕，長 30 公分，寬 11.8 公分，高 18.3 公分。北宋，十至十二世紀。

圖 1-61
磁州窯童子戲鴨圖瓷枕，長 28 公分，寬 16.5 公分，高 12.5 公分，河北磁縣出土，河北省磁縣文物保管所藏。北宋，十至十二世紀。

陶枕通常做成中空但有平面可以支撐頭顱的形狀，且都開有孔洞。一來為了使枕箱裡的熱空氣從開孔排出，保持清涼；二是為了防止熱空氣膨脹而爆裂枕頭。陶枕的形狀基本有兩種，一是各種變化的箱匣形，可以設計成規矩或不規矩的方、圓、多角、花瓣、銀錠、扇面等。另一是人物的賦形，常見虎、豹、熊、兔、象、獅、牛等動物形，以及臥嬰、婦女等，甚至樓閣戲棚。

枕頭是關係到能否安眠的重要器具，各民族都有製作。枕具的材料大都屬於易於腐朽一類的布帛、木竹、穀屑等物質，難於地下保存千年之久，所以不容易確定何時出現專用的枕頭。從《詩經．葛生篇》：「角枕粲兮，錦衾爛兮」、〈澤陂篇〉：「寤寐無為，輾轉伏枕」，可知西周時代的人們已習慣於伏枕睡覺。湖北荊門包山一號墓出土了戰國時代鑲嵌骨條的框形座竹木枕，算是可確定為枕頭的較早實物。西元前一二二年南越王墓中的絲囊珍珠枕則是另一形式的較早實物。

枕頭太軟就失去其支撐頭部的功用，太硬又不舒服。陶質堅硬，並不是理想的製作枕頭的材料。又由於陶枕多見於隋唐以來墓葬中，所以有人以為它們是隨葬的器具，不是日常的使用物。但北宋晚期張耒有〈謝黃師是惠碧瓷枕〉詩云：「犖人做瓷堅且青，故人贈我消炎蒸，持之入室涼風生，腦寒髮冷泥丸驚。」以此看來，瓷枕也是實用器。瓷的性質清涼，不是寒冬宜用的東西，倒是消暑的涼物，所以應該是夏令的寢具。因此常見裝飾夏季的圖案，如蓮池、荷葉、樹蔭下讀書等。為了旅行的方便，還燒造可以放置於行囊中，短於十公分的小型陶枕。枕頭之所以使用瓷來燒造，最大的目的恐怕就是其清涼的觸感，如果在冬天，大概就要覆蓋他物。

枕頭除了墊首或按脈、墊

圖 1-62
上釉的硬陶及瓦陶枕頭，最長 40 公分。北宋至金代，西元十一至十三世紀早期。

足以外，還可有其他的作用。《新唐書・五行志》載：「韋后妹嘗為豹頭枕以避邪，白澤枕以避魅，伏熊枕以宜男」，認為枕頭有驅邪或促使生育男孩的作用。西漢中山王劉勝墓中的鎏金銅枕，兩端鑄有某種驅邪的獸頭。漢代常見於墳墓前刻繪星座、龍虎圖案，或於陶器繪道家靈符禁咒以為驅邪。也許以陶模造虎豹形象更為容易，所以隋唐時代開始以陶瓷枕隨葬。兩宋為陶瓷枕燒造的興盛期，傳世品甚多。

圖 1-63
絞胎瓷枕，高 7.7 公分，長寬 14.7×10 公分。唐墓出土，西元 618～907 年。

圖 1-64
三彩黑地枕，高 9.9 公分，面長寬 35×14.8 公分。宋，十至十三世紀。

圖 1-65
三彩刻花枕，高 10 公分，面長寬 40×25 公分。宋，十至十三世紀。底墨書「虛心冷氣都是自錯」。

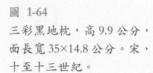

第十章 游牧民族的特色瓷器

圖1-66這種陶壺的原來形式是皮囊，用以裝水酒在馬上的旅途使用。皮囊是游牧民族的日常實用器，由幾塊皮革縫製而成，正面的形狀有時上下約略一致，有的上小下大。側面則有的上緊下寬，有的中腹肥大。陶器不但一一依之造型，連皮壺的縫合線、皮扣、皮條、繩環等細節也忠實地用線刻或堆貼的方式加以表現，甚至釉彩也塗成皮革的褐色，如圖1-67。

圖1-66這件類似雞冠的提手還壓印邊沿，做成狀似由兩片皮革縫合的線路。壺側也仿刻交互縫合的線條模式。腹的底部也表現有另一塊皮革縫合的樣子。一般雞冠壺上部作提梁形的，顯然是為方便提攜而設；也有做成兩個穿孔的，當是為穿過繩索提攜而設。但是圖1-66這件的底部加上圈足，表明這是為了放置桌上使用，適合家居而做的設計改變；同時，這件壺的穿孔只有一個，似乎也不方便穿繩作為提攜，很可能是為了繫綁壺口蓋用的，以免蓋子遺失。

雞冠壺
因游牧特性產生的特別形狀

圖 1-66
白釉雞冠壺，高 25.4 公分，口徑 3.9 公分，足徑11.2公分。遼，西元916～1125年。

皮囊壺的形狀若上下約略一致，就很像馬蹬，所以也稱為馬蹬壺。由於皮囊壺源自馬上使用的器具，馬上的空間有限，器形要窄長才方便攜帶，因此壺的流口就設計方向朝上，與家居的壺流口要橫向才便利傾倒大異其趣。圖1-66這一件被稱為雞冠壺，或以為取名是因壺的外形像一隻昂首啼叫的公雞，或是因為壺上部相當於提手的部分，突出外形像極了雞冠；但有些提首作半圓形把手如圖1-67的也照樣稱為雞冠壺，可見取名重點是直立的流口。

文化往往會因為注入新的生活內容而更加豐富內涵。南北朝時期異族帶進有關佛教的文物與美術，唐代時也加入不少中亞的生活方式與美術，這兩個時期都產生了不少混雜中國傳統與

圖 1-67
黃釉劃花提樑皮囊壺，高25公分，口徑2.5公分，足徑8公分。遼，西元916～1125年。

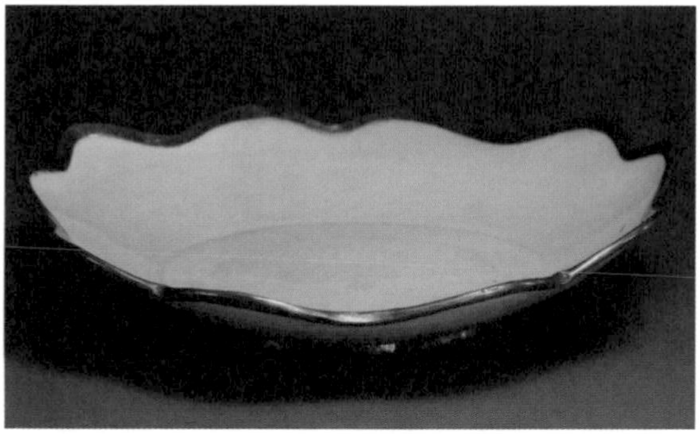

圖 1-68
官字款荷花形白瓷盤，高5.4公分，徑22.3公分，內蒙古自治區赤峰市博物館藏。遼，西元907～1125年。

外來因子的工藝品。族屬契丹的遼國，在西元九四七至一一二三年間控制了廣大的華北地區，在陶藝上既承繼中國的固有風味，也顯現其強烈的民族特色。圖1-66這件白釉雞冠壺，在工藝上屬於中國北方的白瓷傳統，表現的卻是游牧民族的馬上生活習慣。

圖1-66壺的外表完完全全地刷塗了厚厚的透明白釉，這是北方白瓷生產的方式。遼人入侵中國，控制北方的廣大地區，不及逃跑的民眾當中當然有不少的陶工。游牧民族不善於製作陶器，其陶業能發展，當然有仰賴中國陶匠的地方。北方的民間窯場以磁州窯與耀州窯最為興盛，自然在燒製原來熟悉的一般日用器皿方面與中國的製品無別。但或由於漢化程度尚淺，或是基於生活的需要，在其北疆從事游牧生活的內蒙赤峰、遼寧遼陽等地區，就生產了很多具有濃郁北方草原民族使用特點的

器物，除皮囊雞冠壺之外，還有穿帶壺、筒式壺、長頸瓶、長酒罐等便於馬上使用的器物。相較於受漢化程度較深的金及元朝，其陶器製作就見不到有什麼突出的民族特質了。

圖 1-69
褐釉瓷皮囊式壺，高28.8公分。遼，西元907～1125年。

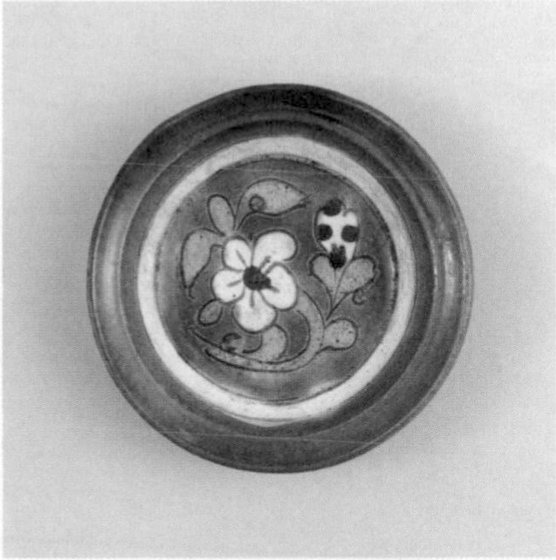

圖 1-70
白釉三彩刻花盤，高 2 公分，口徑 11 公分，足徑 6.5 公分。遼，西元 916～1125 年。胎體較粗，呈磚紅色。

圖 1-71
褐釉皮囊形瓷壺，高 24 公分。遼，西元 947～1123 年。

圖 1-72
白釉劃花皮囊壺，高 29 公分，口徑 3 公分，足徑 9.52 公分。遼，西元 916～1125 年。早期肥短，中期以後壺身增高，縫合紋漸消失。

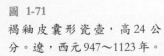

第十一章 隆重登場的青花瓷

圖1-73這個非常大型的瓶子作圓肩的八稜形狀，蓋子也是與之相配的上窄下寬的八稜形，還附一個尖圓的小鈕。整個器身裝飾著密密麻麻的藍顏色圖紋，因此很容易判斷它是元代的作品。明清的青花作品，圖樣的配置就大為稀疏。

這一件大瓶，可能是拿來盛裝精釀的酒，除了器底，全身都布滿了花紋。主要的紋飾是海中翻騰的龍，每兩稜一隻，姿勢各異，兼用青花與影青的裝飾手法。龍身上的鱗片用刻花手法，鬚髦則用鈷料塗繪，罩上透明釉焙燒後，下凹的刻劃處就聚集較多釉彩而顯現淡薄的青色，塗繪的地方就呈現鮮豔的藍色。龍的周圍塗繪細膩的藍色水波紋。肩上與底部各有四處以曲線構成的框，框裡也各填滿了一朵花的圖樣。連蓋子也不例外，鈕、面、壁也都裝飾紋樣。與圖1-74明代帶蓋的大罐相比，其相異點就很明顯。

中國最出名的花樣
青花瓷

圖 1-73
景德鎮窯青花瓷海水龍紋八稜瓶，高51.5 公分，口徑6.6 公分。元，西元1271～1368 年。

圖 1-74
帶蓋罐釉下青花瓷器，高34 公分，加拿大皇家安大略博物館藏。明代，西元十五世紀早期。

圖 1-75
景德鎮窯宣德款青花瓷高腳碗，徑15.6公分。明宣德，西元1426～1435年。

青花的製作是在瓷胎上用含鈷礦的材料作為著色劑作畫，然後覆蓋一層透明的釉彩，以一千二百度以上的高溫焙燒，就能燒出呈現藍色花紋的釉下彩繪瓷。原始青花的燒造，至遲宋代已有，但元代的水平才提高。繪畫青花的原料，中國本土雖也有生產，但呈色較暗黑無光。質量較高的都由外國進口，主要來自於西亞的伊朗，因此受到官府嚴格的控制，價格很高，幾乎與銀等價，僅能供應官家以及海外貿易的需要，不是一般人所能夠隨意使用的。由於它太過珍貴，擁有它就是一種榮耀，不會把它放進墓裡隨葬，所以出土非常的少，傳世品有限。明代以來才成為生產的主流，有大量作品存世。除碗碟盤罐一類日常的生活用品外，還有有錢人才雅好的尊、彝、鼎、爵之類仿古品，以及文房用具等。

青花的盛行與景德鎮的興起和元代人的喜好有絕對的關係。青花由於著色力強，呈色穩定，不流動，不像青瓷易受窯內溫度的影響，難於控制色調。宋代高階層喜愛的瓷器特色主要是要有典雅的造型及釉色足夠純正，無需繁複裝飾，僅偶爾使用刻花、劃花或印花的技法。但俗世大眾卻有多樣的需求，有不少人喜愛多彩及醒目的圖案。例如磁州窯和吉州窯，他們用鐵在胎體上線畫民間喜愛的吉祥圖案，燒成後呈現黑白對比的樣式，很受歡迎。元代的人可能沒有宋代人的高學識素養，比較喜歡熱鬧的圖樣。青花的鮮豔色彩用在潔白的景德鎮瓷器上，對比比較溫和而不刺眼，圖繪更具有中國傳統水墨畫的效果，大受時人的歡迎，先前的劃花等裝飾技法就居於次要的地位，將首位讓給彩繪了。

圖 1-76
釉下青花瓷花瓶，高 47.6 公分。清代康熙年間，西元 1662～1675 年。

元代對於青花瓷的燒製還不完美，所以我們可以利用其缺陷來與後代的成品作區別。青花和傳統青瓷的性質有點相反。青瓷需防範釉彩的流動，不使色彩逸出圖樣之外。青花卻會把四周的彩料不均勻地往內收縮，造成邊緣的色彩較淡，而裡頭的色彩會聚集成不規律的濃厚黑青鋒芒。後代的燒造技術提高了之後，顏色不均勻的缺點被克服了，但也因此不能夠燒出有這種缺陷的成品。可能是為了仿古的原因，畫工有時只好用很細的毛筆，謹慎而費工地點上密布的深藍色小點，使看起來有那種自然迸發出細芒的缺陷效果。

圖 1-78

青花瓷鳳頭扁壺，高 18.5 公分。元大都出土，西元十四世紀。

圖 1-77

元景德鎮窯青花瓷花卉紋大圓盤，徑 47 公分。約西元 1325～1368 年。

圖 1-79
景德鎮窯青花瓷蒙恬將軍圖玉壺春瓶，高30公分，口徑8.4公分，湖南省博物館藏。元，西元1271～1368年。

圖 1-80
景德鎮窯青花瓷纏枝牡丹紋帶蓋梅瓶，高48.7 公分，口徑3.5公分，江西省高安縣博物館藏。元，西元1271～1368年。

第十二章

廣受人民喜愛的釉裡紅

圖1-81 這件有蓋的罐子由於溫度沒有控制好，造成胎體收縮不平均，以致於燒成歪歪斜斜的樣子，蓋子更燒裂了，紅彩也擴散，應該不會被視為成功的高級產品。很多窯場為了確保品質與信譽，對於不成功的產品，常故意打碎使之不流通於市面，所以窯址經常發現成千上萬的碎片。從形制看，這個罐子應該是裝骨灰用的。肩上有「劉大使宅凌氏用」楷書款，可能是訂做的。埋葬已選妥了日期，不容等待再燒一個，因而只好將就使用不毀棄。這件器物雖不是精製品，但因為是元代才創發的釉裡紅作品，存世不多，亦顯珍貴。此罐在頸上用青花自右至左橫書「大元至元戊寅六月壬寅吉置」。元代有兩個至元年號，此為後至元，西元一三三八年。

抹上胭脂的青瓷
釉裡紅

圖 1-81
影青瓷釉裡紅塔式蓋罐，高 22.5 公分，口徑 7.7 公分，底徑 6.6 公分，江西省博物館藏。元代，紀年至元戊寅，西元 1338 年。

對於燒瓷史來說，有燒造年代的都屬於重要的物證。

這件罐子的裝飾具有元代喜歡繁複的特徵。器身作平口，短頸，彎肩，上鼓而下收的圓腹形；蓋子作有鈕的帽形。身與蓋都用堆砌的手法裝飾了很多東西。主要是作為提耳的東青龍與西白虎立體雕刻，以及其間的南朱雀與北玄武（蛇纏繞龜）的堆砌。朱雀的上下各裝飾一朵卷雲紋，玄武則周圍裝飾三朵卷雲。這兩組圖案都塗上被稱為是釉裡紅的色彩。底部堆砌蓮花瓣的邊框十五個。帽形的蓋子，邊緣裝飾兩圈半珠，頂則作有六方須彌座的尖塔形。塔庵內放置坐佛一尊，塔上飾兩層仰蓮，塔基下則排列靈芝、犀角等佛教的八寶。其圖紋與傳統信仰和佛教崇拜都有關係，除了盛放骨灰，似乎沒有更符合的功能。

中國人自古以來就喜愛鮮豔的紅色，木頭可以塗上紅漆，紡織品可以染紅，陶器就用紅土塗繪。後來發展到陶器能用色釉增加彩色，可惜雖然可以燒成青色、黃色、黑色或綠色，但就是沒有辦法造成紅色的效果。宋代的鈞窯，創發了用含鐵和銅的釉料，以還原焰燒成，終於產生了混雜鐵青與銅紅的紫紅變幻色澤。這種獨樹一幟的色彩很受高階層人士的喜愛，工匠了解紅的顏色與銅有密切的關係，就有人以銅來嘗試燒出新釉色。

鈞窯的紫紅色是釉的顏色，而釉裡紅則是釉下的，兩者燒製的方式有點不同。釉裡紅是以銅在胎上繪畫，然後以透明釉覆蓋，在高溫還原焰中燒製，於是

圖 1-82
影青瓷釉裡紅印花堆砌螭紋高足轉杯，高 12.8 公分，口徑 10.4 公分，江西省高安縣博物館藏。元，西元 1271～1368 年。

釉下就呈現紅色的花紋。如果控制得好，就有可能在胎體上繪畫纖細線條的複雜圖案。只是銅的呈色很不穩定，早期燒成完美釉下彩的難度很高。像圖1-81這一件，原本意圖在貼砌的玄武身上塗上紅色，結果紅色向外擴散成一大片。有的不但無法成為令人喜愛的紅色，還很容易燒出暗淡的灰黑色。由於難度高，元代釉裡紅的產量很有限。明代宣德時一度盛行，到了清朝康熙、雍正時期才真正達到技術成熟的階段，完全可以控制其呈色。如圖1-83的釉下彩繪，在海波中翻騰的紅龍，每一片鱗甲的線紋都清清楚楚，一點也不與海波相混雜，是非常成功的作品。

圖 1-83
釉下彩繪瓷梅瓶，高 34.8 公分。清代乾隆年款，西元1736～1795年。

袖裡透花

靜中見動

貳、明清宮廷與藝術——釉裡透花，靜中見動

㈠令人眼花繚亂的多彩瓷器
㈡善用鬥彩技巧的美麗成果
㈢來自國外，含有劇毒的夢幻粉彩
㈣驚鴻一瞥的景泰藍

第二章 令人眼花繚亂的多彩瓷器

圖2-1這個罐子，從胎體的潔白程度看很容易知道是瓷胎。裝飾的主要圖案是帶枝葉的牡丹花梗，其枝條彎曲交纏，所以稱作纏枝牡丹。這組圖案共有綠、紅、褐三種顏色，這一類的彩瓷還常有藍、紫、黃、黑等顏色，習慣上稱為五彩，就像唐代的三彩，其實絕大多數只有褐、綠二彩。五彩瓷的顏色如果缺少紅色則叫素三彩。早期陶器的彩色或是在胎體著色，或是以釉層顯色。但是這件的彩色，從腹部正中央花瓣被刮傷的情況，可以推斷彩色是塗在釉層的上面的，這叫釉上彩。是在上釉燒製完成之後，再度在釉層上著色再進窯裡燒製，因此這件器物就叫釉上五彩纏枝牡丹紋瓷罐。這種五彩繽紛的瓷器在現在是很常見的，但它的產生有一段非常

釉上彩
五彩繽紛的瓷器

圖 2-1
釉上五彩纏枝牡丹紋瓷罐，高 10.8 公分，口徑 9.9 公分，足徑 12.7 公分。明成化，西元 1465～1487 年。

長的歷史，是直到明代才創發成功的，當時非常珍貴。

愛美是人的天性，它本身就是一種非常重要的思考活動，也是文明發展的推動力。早在距今六千多年前的新石器時代，人們就以天然的礦土在陶器表面上塗繪紅、黑、白色的圖案，這樣的塗繪容易脫色，不便作為日常用具。商代開始利用草灰或石灰燒製釉彩，釉彩有光澤又不易褪掉，但顏色單一。東漢發明鉛釉，以鉛為助熔劑，以銅為著色劑，燒出濃麗的綠彩，後來又以鐵為著色劑，燒出溫軟的褐彩，一件器物具有多彩很美觀，可惜鉛含毒性，不宜作為日用的器物。

中國人喜愛豔麗的紅色，以之作為吉慶的裝飾，如何燒出紅色的釉彩應該是陶匠們努力的目標。宋代的鈞窯以銅、鐵為顯色劑，在高溫下燒成變幻的紫紅色。元代創發釉裡紅，用銅在高溫還原焰中燒成真正的紅色。但是燒成的結果很難把握，經常燒成黯淡無光的灰黑色。這時宋代一種不太受注目的裝飾手法就被試用而得到了很好的效果。宋代燒民間用器的磁州窯，在已燒成的釉面上用筆沾料描畫簡單花紋，然後再以八百度左右的低溫燒，使得彩料燒結在釉面上。景德鎮的業者就在以高溫燒成的白瓷上，用鐵在氧化焰下低溫燒製，成功燒

圖 2-2

五彩人物紋蓋盒，高 8.9 公分，口徑長寬 17.5×9.7 公分，足長寬 22.1×13.8 公分。明萬曆，西元 1573～1619 年。青花銘「大明萬曆年製」。

成了全器都是紅顏色的釉上瓷。

有了釉上紅彩瓷的經驗，就可以據之以生產其他顏色的彩瓷。到了明代，不但有單色如銅的綠色，鐵的紅、黃、棕色，鈷的藍色，錳的紫色，還可以讓多種顏色同時出現在一件器物上。另外也可以釉上與釉下用不同的彩色圖案配合而成為鬥彩。有了這幾種色彩，大體就能滿足彩繪各種人物、花鳥和山水圖畫的需要。從此，在瓷器作畫就成了常見的藝術手法，瓷器開始更加作為裝飾的物件而非只是實用器了。

圖 2-3
五彩雲龍紋葫蘆壁瓶，高 31 公分，口徑 3.7 公分，足徑 11.7 公分。明萬曆，西元 1573～1619 年。瓶口青花銘「大明萬曆年製」。

圖 2-4
釉上彩瓷百鹿罐，高45.5公分。清代，乾隆款印，西元1736～1795年。

技術總是愈往後愈精湛的。彩繪料的顏色和燒出的顏色不一樣對塗繪的進行就不免有所干擾。如果燒成的色彩和彩繪料是同樣的，畫起來就會更有把握，更易發揮。明代的彩瓷，顏色較之清代的感覺有些刺眼，色濃而無光，圖樣也往往是成片塗抹的。清代的作品，尤其是用原色的琺瑯彩，不但有透明亮麗感，筆調也常是纖細繁密，如圖2-6。

圖 2-5
五彩魚藻紋蒜頭口瓷碗，高 40.3 公分，口徑 7.8 公分，足徑 13.7 公分。明萬曆，西元 1573～1619 年。青、紅、綠、黃、黑、赭色。瓶口橫書「大明萬曆年製」。

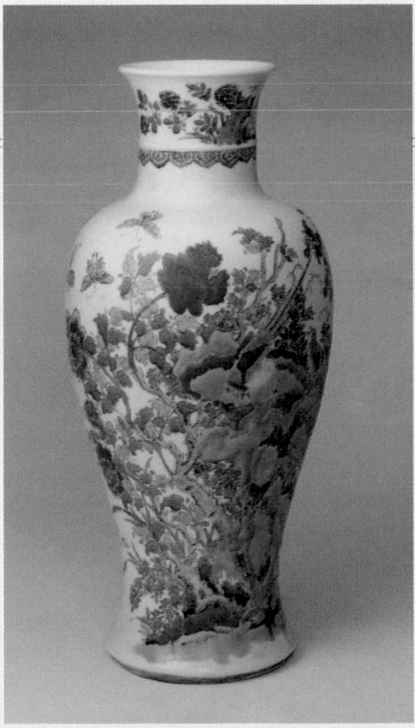

圖 2-6
五彩雉雞牡丹紋瓷瓶，高 45 公分，口徑 12.3 公分，足徑 14 公分。清康熙，西元 1662～1722 年。

圖 2-7
五彩人物紋瓷碗，高 10 公分，口徑 21.7 公分，足徑 9.6 公分。明嘉靖，西元 1522～1566 年。內壁有暗花，少見。

圖 2-8
明嘉靖款黃地綠釉瓷鳳凰方洗，口徑 19.6 公分，高 9 公分。明嘉靖，西元 1522～1566 年。底青花書：大明嘉靖年製。

圖 2-9
五彩花鳥紋筒式瓶，高 35.3 公分，口徑 12.5 公分，足徑 12 公分，清順治，西元 1644～1661 年。

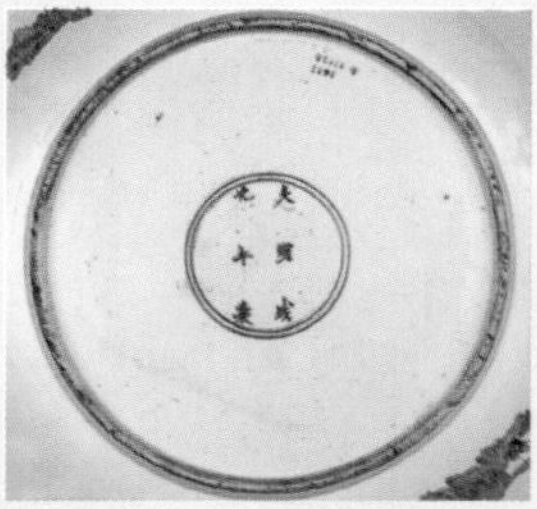

圖 2-10

五彩臨潼鬥寶紋瓷盤，高 7.7 公分，口徑 51.3 公分，足徑 32.1 公分。清康熙，西元 1662～1722 年。青花銘「大明成化年製」。繪圖內容是秦穆公於臨潼會諸侯，鬥寶以定勝負，楚吳子胥舉鼎威懾秦穆公，各國諸侯得以歸國的故事。

圖 2-11

琺瑯彩瓷雉雞牡丹碗，高 6.6 公分，口徑 14.5 公分，足徑 6 公分，北京故宮博物院藏。清雍正，西元 1723～1735 年。

圖 2-12
琺瑯彩瓷藍山水碗，高 5.2 公分，口徑 10.9 公分，足徑 3.9 公分。清雍正，西元 1723～1735 年。楷書款「雍正年製」。

圖 2-13
琺瑯彩瓷錦地描金花卉象耳銜環瓶，高 14.1 公分，口徑 5.5 公分，足徑 6.1 公分。清乾隆，西元 1736～1795 年。篆書款「乾隆年製」，乾隆晚期，風格繁縟華麗，大異雍正時期幽淡典雅。

圖 2-14
琺瑯彩瓷胭脂紅山水小瓶，高 9.6 公分，口徑 2.2 公分，足徑 2.2 公分。清乾隆，西元 1736～1795 年。楷書款「乾隆年製」。

第二章

善用鬥彩技巧的美麗成果

圖 2-15 這件平底溜肩、子母口沿的蓋罐，裝飾的圖紋如下：肩上與底座是紅顏色的框邊，中間的主體花紋是在波浪翻騰的海面上躍動的長龍，空間填以綠色的雲彩與火珠。蓋子的圖紋也是與器身相配的海龍紋，蓋壁畫海浪，蓋面則為連續幾何己形紅邊框中的海龍。乍一看蓋與器是很相配的，但是仔細檢查，兩者的色調有點異樣，蓋子的波浪也顯得呆板。原來它們是不同時代的作品，釉料的配方很難完全相同，技巧也有差別。罐子是明代成化年間所燒，製作非常精良。而蓋子則為清代雍正或乾隆時期所配製的，不是最精的工匠所燒製。

這件彩繪的做工是非常細膩的，海浪不但有濺射的浪花，綠色的波浪之間也畫出多道青藍

逐漸發展的著色技巧
鬥彩瓷

圖 2-15
鬥彩瓷海水龍紋蓋罐，高 13.1 公分，口徑 8.7 公分，足徑 11.2 公分。明成化，西元 1465～1487 年。蓋子為清代製成，故色彩異。

色的彎曲細線，把洶湧的大片浪濤表現得更為生動。海龍更是詳細，一片片的鱗甲與火焰般的背鰭髦髮也都一絲不苟地用黑色或藍色線條勾畫出來。還有，這些圖案不是燒一次就完成的，它的裝飾手法稱作鬥彩，是經過多次不同的溫度燒成的。其中只要有一次沒有控制好，整個作品就報銷了。

景德鎮白瓷細膩潔白的胎，使得絢麗多彩的畫面能夠更好地表現出來。歐洲

圖 2-16
釉上五彩青花瓷器，最高 45.1 公分。明清之際，西元十七世紀中期。

人曾經讚歎，中國瓷器之精巧不是他們清澈透明的玻璃器所可以比擬的，所說的就是景德鎮的產品。元代在釉上加彩的燒製成功，使釉上多彩成為可能。鬥彩就是在能夠燒製釉上彩之後，技術的進一步提升，從此多彩瓷的燒造才大為興盛。圖 2-15 這件瓷罐所完成的成化年間，瓷器的胎質達到歷史的最高水平，代表最高的成就，所以清初的瓷器就經常寫上成化的年款。

明成化以後雖常燒製鬥彩瓷器，但名稱遲至清初才見於文獻。廣義的鬥彩是指只要釉上和釉下各有色彩就算是了。但狹義的鬥彩則要求釉下的青花圖案與釉上的圖案密切相互扣合。以圖 2-15 的這件做例子，胎體上的龍紋並不是畫成完整的一條，而是用青花料在相當的位置畫上長角、髦髮、爪牙、龍身，其他的部分就空著留白。等高溫燒完後，就又在透明的釉層上，用黃色料在空間填上頭、腳、身子，拿去低溫燒烘。等再次燒成後，又用黑色料畫上鱗片與背鰭等，再次低溫燒製。

　鬥彩的技巧有多種：「點彩」是在青花圖案的釉上稍加點綴而已；「覆彩」

圖 2-17
明宣德款鬥彩瓷海獸高足盃，口徑 10.1 公分，足徑 4.4 公分，高 9 公分。西元 1426～1435 年。盃心青花書：「大明宣德年製」。

圖 2-18
鬥彩瓷寶相花紋蓋罐，高 19.7 公分，口徑 7.9 公分，足徑 8.4 公分。明成化，西元 1465～1487 年。青花楷書銘「大明成化年製」，蓋為清代雍正或乾隆所配，色彩異。

圖 2-19
鬥彩瓷雞紋缸杯，高 3.3、3.4 公分，口徑 8.3、8.3 公分，足徑 4.1、4.3 公分。明成化，西元 1465～1487 年。文獻記載「神宗時尚食，御前成化彩雞缸杯一雙，值錢十萬。」均畫一雄一雌三雛，但景象不同。青花楷書銘「大明成化年製」。清康熙至乾隆俱有仿製，康熙時幾可亂真。

是在已畫好的青花圖案上覆蓋釉上彩色；「染彩」則是在青花圖案邊緣的釉上以彩色襯托；「填彩」是在青花雙鉤圖案的釉上填上彩色。成化的鬥彩有時釉上的彩色高達六種之多，不但圖案本身，整個工序也一定要事先仔細規劃和執行。不用說，這種產品一定價格高昂，非普通人用得起，所以基本上鬥彩都是官窯的成品。根據文獻，成化窯的鬥彩酒杯，每一對的價格竟達白銀百金。

圖 2-20
鬥彩瓷龍鳳紋蓋罐，高 13.1 公分，口徑 4.6 公分，足徑 10.4 公分。清康熙，西元 1662～1722 年。青花楷書銘「大清康熙年製」。

圖 2-21
清景德鎮窯乾隆年款鬥彩瓷八寶紋圓盤，徑 51 公分。乾隆，西元 1736～1795 年。

第三章

來自國外，含有劇毒的夢幻粉彩

中國的瓷器胎白質堅，非西洋的硬陶器所可比擬，自宋代以來就大量輸出海外。西歐後來也終於尋得燒造的祕密，自己也能夠燒製瓷器。當時中國的瓷器在國外頗為難得，價格非常昂貴，東南亞的一些島嶼，甚至有人利用瓷器來造謠，聲稱中國青花瓷具有神力，喝了青花瓷所裝盛的水可以治病。但中國的燒瓷技術並非沒有得自外國的借鏡，圖2-22的這一件瓷瓶，施彩的技術都是來自西洋，它使中國瓷器的燒造更為瑰麗，更具魅力。

圖2-22這個長頸瓶子的腹部渾圓有如圓球，所以稱為天球瓶。這種形狀的瓶子於明代的永樂、宣德時期開始出現，清初的雍正、乾隆時期盛行。裝飾的圖案是幾枝帶有花、葉、果實的

透明淡雅粉撲妝
粉瓷的出現

圖 2-22
雍正款粉彩瓷仙桃天球瓶，高 50.6 公分，口徑 11.9 公分，足徑 17.7 公分。清雍正，西元 1723～1735 年。

桃枝，或疏散或密集地布滿了整個瓶子。畫面的花瓣和果實很有立體感，這是以前五彩瓷所達不到的效果，是學自西洋的技術。這種技法使色彩有濃淡不同色調，有如撲了粉的感覺，所以稱為粉彩。還有，桃子上的粉紅色琺瑯彩料，感覺顏色較透明淡雅，也都是傳自西洋的。

粉彩是一種白色的彩料。中國的瓷胎本來就非常潔白，沒有必要填加白色。但是粉彩有其特質，其成分主要為氧化硅、氧化鉛和氧化砷。氧化硅造成玻璃化；氧化鉛為溶劑，降低燒結的溫度；氧化砷則起乳濁的作用，使色彩造成不透明感。不透明感就是使用粉彩的重點所在，最好是施用於花朵或人

圖 2-23
粉彩瓷木紋釉地松鶴筆筒，高 14.2 公分，口徑 12.7 公分，足徑 12.5 公分。清乾隆，西元1736～1795 年。

圖 2-24
粉彩瓷黃地海鶴碗，高 6.5 公分，口徑 15.1 公分，足徑 6 公分。清雍正，西元 1723～1735 年。楷書款「大清雍正年製」。

物上。其使用的步驟是在高溫燒烘的白瓷透明釉上，先勾勒圖案的輪廓，再在其內填上玻璃白料，然後施加彩料，接著用毛筆輕輕依需要的濃淡度勻開，這樣燒出來後圖案就有濃淡、明暗的立體感覺。畫作有遠近距離、明暗立體的感覺是西洋畫的特色，有中國傳統平塗施彩所無法達到的特殊效果，引進後就很受歡迎。粉彩的燒結溫度比五彩瓷還要低，約攝氏七百度燒成，色彩感覺更為柔軟，所以也稱為軟彩。它是康熙時代引進的，雍正時大為成熟，不只花朵，也應用到各式各樣的圖案，很為收藏者所鍾愛。

與粉彩同時也傳來粉紅的色彩。元代雖然成功燒成以鐵為顯色劑的低溫紅釉，但顏色過分深濃，不能表現成熟桃子的粉紅色。後來發現用一種膠質的金著色後以低溫燒製，就可以得到粉紅色。桃子是中國人長壽的象徵，金子雖然是非常高價的金屬，但對於有錢人來說，為了達到向尊長表達壽誕的敬意，價錢不是問題，所以粉彩有很多就是以壽桃作為裝飾的主題。雍正時多以八桃，乾隆時增至九桃，顯然有以九諧久的意思，「壽久」可以說是沒人不喜愛的。

粉彩所含的砷就是俗稱的砒霜，有劇毒，服用少量就可致人於死，並不是製造食器的理想材料。就像鉛也有毒性，東漢的鉛綠釉，唐代的三彩都以燒造隨葬的明器為主。但是粉彩的食器時有所見，如圖 2-26 的雍正時代的盤與碗。也許這類瓷器太過珍貴，只是當作擺飾，所以才能在食器上用之。

圖 2-25
清雍正粉彩蝠桃紋橄欖瓶，高 40 公分，大清雍正年款。西元 1723～1735 年，香港蘇富比拍賣會於 2002年 5 月 7 日拍賣，拍價超過五百萬美金。

圖 2-26
粉彩瓷盤與碗，盤徑 26.7 公分。清代雍正年款，西元 1723～1735 年。

圖 2-27
粉彩瓷綠地夔龍勾連如意紋罐，高 24.5 公分，口徑 10.3 公分，足徑 9.8 公分。清嘉慶，西元 1796～1820 年。篆書款「大清嘉慶年製」。

圖 2-28
清景德鎮窯慎德堂銘粉彩瓷福壽紋花瓶與碗，最高 30.8 公分。道光期，約西元 1820～1850 年。

第四章 驚鴻一瞥的景泰藍

圖2-29 這件文物的胎質是青銅的，器形為圓口、弧底、鼓腹，腹上兩端有附耳，下有三隻獸蹄形的腳。其形制與鼎沒有分別，所以也有稱呼此器為鼎的。但是鼎一般是作為烹煮用具，此器的腳甚短，不便積薪燒火，而且此器外表的裝飾色彩以低溫燒成，不宜接觸高溫。秦漢之後常以小銅器焚香，所以稱呼它為香爐比較合適。

青銅在有史的初期是貴重的材料，約從西元前二千年起，為貴族所控制，主要用於鑄造軍國所需要的武器與禮儀要求的祭器。青銅只能鑄造出一種顏色，商代就想到了鑲嵌不同顏色的東西以增加色彩，然而鑲嵌的方式並不牢固，容易脫落，效果不理想。春秋以後改用鎏金、錯金的方式，但黃金與白銀可能太過奢侈，加上不斷有更適合的材料出現，例如在製作武器的用途上漸被鐵取代，而祭器也被多彩輕盈的漆器與釉陶所代替，所以漢代之後，青銅器物就很少

盛極一時的琺瑯釉
景泰藍

圖 2-29
銅胎掐絲琺瑯纏枝蓮紋香爐，高 10.9 公分，口徑 11.5 公分。明代早期，約西元十五世紀。

見到了。到了明代，宮廷又興起製作銅器的熱誠。除宣德朝（西元一四二六至一四三五年）因為仰慕古代的情懷，鑄造了大批的仿古彝器外，也同時興起以新的琺瑯釉工藝製作名為「景泰藍」的銅器。

在中國的文獻裡，琺瑯的工藝還有佛郎、佛菻、拂郎、發藍等名稱，顯然是音譯外來的語言。琺瑯的釉料是一種使用石英、長石、硝石、瓷土、硼砂等加上鉛與錫的氧化金屬物燒煉成為固態後，研磨成粉末的東西。把它塗在陶器或金屬的表面並再次低溫燒烘以後，會有玻璃質的表層。不同的金屬呈色劑可以在一件器物上燒成多彩的圖紋，愉悅視覺的效果比之先前要好得多。

琺瑯彩主要塗在陶瓷器與銅器上，西洋很早就發展了這種工藝。而中國按目前的考古發掘，琺瑯彩器物首見於唐代墓葬，但數量太少，又具有西洋工藝的特點，再加上宋代的文字並沒有提及這種工藝，想來唐代的作品可能是來華的外國人士所攜帶，並不是在中國製造的。元代的文獻就提到蒙古帝國幾次遠征東歐，俘獲阿拉伯與歐洲的琺瑯器工匠，可以理解明初的琺瑯工藝是承繼自元代。清代評論明代的琺瑯工藝，認為景泰年間（西元一四五〇至一四五六年）生產的最為精良，因此就習慣把琺瑯彩的銅器稱為景泰藍。藍有可能來自「發藍」的名稱，更可能是因其底色經常是藍色的。

景泰藍的胎體是先用高溫鑄成，然後以低溫去裝飾圖紋。製作方法一是先在器胎上刻出花紋的圖形，稱為鏨花。二是用細銅絲在胎上掐焊花紋的外廓，稱為掐絲。然後用琺瑯藥填入空間，送入窯烘燒，冷卻後再加磨拭清洗就完成了。

兩種方法在圖 2-29 這件香爐上都應用到了，三支腳的部分用鏨花，其他都用掐絲的手法。口沿下一周紅地的掐絲小花紋，腹部施天藍色地的四朵彩色勾連大花。口沿、支腳、底部還用鍍金裝飾。可能由於年代太久，已失去琺瑯彩原來應有的鮮豔、溫潤光澤，色彩可看出有藍、紅、黃、墨綠、白等色。

清初的宮廷很重視琺瑯器的製作，民間也效法，所以達到非常高超的工藝水平。但比起同樣鮮豔、不褪色、輕盈的五彩瓷器，琺瑯器笨重的缺點就顯現出來，所以後來也再度被捨棄了。

圖 2-30
掐絲琺瑯（景泰藍）龍鳳銅鈁，高 37.5 公分，腹寬 22 公分。明，西元十七世紀前期。

風雅精細

搜羅萬象

參、珍玩與異寶——風雅精細，搜羅萬象

(一)以訛傳訛的犀角傳說
(二)甲骨文「免」字演變出的象徵意義
(三)甲骨文「嘉」字中藏著的願望
(四)豪華三進的親王府第
(五)玉雕留皮設計的趣味
(六)稀有的元代石翁仲
(七)能折疊的硬木椅
(八)材料檢驗與甲骨文「相」字的關聯
(九)致命的吸引力：妖草鼻煙

第三章 以訛傳訛的犀角傳說

圖 3-1 這個杯子是利用犀牛角根部自然的窪陷形狀而做成的。比較早期的犀角杯，大多利用其自然形狀，稍事雕琢，作為爵形或皿形的杯子，不做太多的修飾。犀角是由毛髮硬化而成，含有碳酸鈣、磷酸鈣、酪氨酸等成分，具有清熱、解毒、止血、定驚的功效。漢代《神農本草經》列入中品，是種可久服兼治病的藥材。用犀角杯飲酒當有希望飲用其藥效的用意。到了明清時代，其實用性已被裝飾效果所凌駕，成為有錢人家的擺設品。為了彰顯其裝飾效果，工藝人運用匠心，發揮想像力，雕琢成有層次、富於變化的藝術品。有的乾脆不製作酒杯，依其上小下大的自然形狀，設計為純擺設的欣賞物。這一件就是利用窪陷的部分設計成為張開的蓮葉，以及緊靠葉旁含苞待放的花蕾與其莖梗形。

北宋王闢之《澠水燕談錄．事誌篇》：「（犀角）甚有花紋，而尤異者曰通天犀，或如日

犀角傳說的體現

犀牛角杯

圖 3-1
蓮花形犀角杯，高 10.5 公分，口徑 19.5 公分。
明代，西元1368～1643 年。

星，或如雲月，或如葩花，或如山水，或成飛走，或成龍魚，或成神仙，或成宮殿，至有衣冠眉目杖履、毛羽鱗角完具，若繪畫然。」犀角絕對沒有這些樣的紋理，很可能就是因為見到這一類的雕刻品而誤會了。

犀牛是生活於溼熱環境的動物。距今七千到三千年間的氣候比現在溫暖，犀牛可以在中國很多地區生息。商代使用設陷阱、箭射、追逐、縱火驅趕等方法捕獵，有時一次多達四十隻，捉到十隻以上的也有多次。比起老虎，兕（犀牛）在商代顯然易於捕捉。

商代以後氣溫下降，山林被開闢為農田，加上人們大量捕捉之以縫製盔甲，犀牛就在中國廣大的地域絕滅了，而犀牛角的藥用效果也被後人誇張、神化。到了四世紀，煉丹家以之與水銀、丹砂、硫磺、麝香等物合為藥材來製作小還丹，以為有助成仙不老的效果。《漢書・郊祀志》記載王莽時以之和鶴髓、玳瑁等二十餘物，煮之以漬種，希望吃種子長成後的穀粒以成仙。甚

圖 3-2
仙人乘筏形犀角杯，高 9.7 公分，長 25.5 公分，現藏北京故宮博物院。明代，西元 1368～1643 年。

至以為有避塵、避寒、避水等種種不可思議的妙用。晉代葛洪的《抱朴子》說，「得真通天犀角三寸以上，刻以為魚，而銜之以入水，水常為人開。」《西遊記》裡頭的三隻犀牛妖怪就分別名之為避塵、避寒、避水，可見此種信念已深入人心。

犀角傳說的藥效還擴及到解毒。可能是起於錯誤的觀察。鴆鳥的羽毛相傳含有劇毒，以其羽毛置之酒中，飲之可令人死。可能犀與鴆生活在同一個地域而安然無恙，人們就說犀牛喝水時，先以角觸水解鴆毒，所以可平安無事。因此有人就以犀角做成髮簪，以為一來可以避免頭髮沾染灰塵；二來如果對食物有懷疑時，可使用髮簪試驗，如起泡沫即為有毒。犀角既然有這麼多的好處，所以極力向海外尋求，以致歐洲人士以為一般男人最注重的是性能力，而中國人如此看重犀牛角，一定是為了那個原因，也就有了中國人以犀角能提升性能力的信念而記載在西洋的醫典裡，真是誤會大了。

第二章

甲骨文「凫」字演變出的象徵意義

表現漆器工藝最高創意的是雕漆，或稱剔紅，因所雕的主要是紅色的漆器。想在漆上雕出立體的圖案，底漆層次一定要深厚。一般認為它源自漢代的針刺而代之以刀剔。漆層只能一層又一層的積厚，每層需要二、三天的時間陰乾。有厚達一、二百層的，不難計算所需要的時間和珍貴之處。雕刻還可利用不同顏色的漆層，雕出紅花綠葉、黃地黑石等高低有層次的圖案。有些圖案的邊緣，還可以設計成為不同顏色互相間隔，彷彿大理石的花紋，增加趣味，稱為剔犀，這種形式的漆器可溯源至唐代。

剔紅雕漆

漆器工藝的最高表現

圖 3-3
剔紅雕漆圓盒，27.8 公分，圓徑 29.2 公分。明代，西元十五世紀。

圖 3-3 這件圓盒子在淺黃色的底漆上透雕厚層的紅漆。在層層紅漆之下有一道明顯的黑線，那是已經到底層的記號。環繞低淺的器身裝飾著四條在雲彩間翻捲的遊龍。器蓋的邊有四個扇貝形開光，框內有一條龍在追逐雲間的火珠。框外則為蓮花紋。

這件圓盒子在器蓋的旁邊嵌裝一塊「永樂年製」的銅牌。永樂是明代在西元一四〇三至一四二四年間的年號，這盒子雕刻龍紋與蓮花紋的方法與其他十五世紀早期的漆器相類似。從雕工的精美，及使用五爪龍的圖案這些特點來看，判斷此盒子為皇家訂做的可能性很高。一般的盒子，器蓋的高度不高於器身。而這件則蓋子大大高於器身。以盒子的尺寸看，是為了方便放進和拿出，大半是為存放皇族的冠冕用的。

冠冕在衣制之中可能較不具實際的效用，但卻是很多民族的權威象徵。古代在尋找必要的自然物資而須與其他民族或國家爭奪資源時，武力是壓制對方的最有效途徑。小規模的衝突不必有專人指揮戰鬥，但演變成大規模的對峙時，就需要有專人全盤性的統籌指揮，才能獲得最佳的戰鬥效果。同族人的身材大都相差不多，指揮者的身材也不會刻意挑選高大的，如果希望指揮能及時被部下知曉，以應付戰場即時的形勢，就有必要讓部下容易見到此人所下的號令。指揮者這時只有站在較高的地點，或穿著特殊的服飾才容易被人注意。

高聳的帽子是引人注目的東西，本不利於行動，如果指揮者在戰場找不到人人可見的高位置來傳布命令，戴上高聳的帽子也可以達到類似的效用。古代的軍事領袖就是政治上的掌權者。戴高聳的帽子本來是慶會以外，方便指揮作戰的臨時設施，之後就慢慢演變成象徵權威的常服，同時它也被改良成保護頭部的盔冑。**甲骨文的「免」字：**，作一人戴有彎角裝飾的頭盔形狀。戴頭盔的目的在於避免箭石的傷害，所以引申有避免、免卻、脫免等從保護頭部轉來的相關意義。戴頭盔本是武士才有的殊榮，作戰的裝備；後來非武士成員掌握政權後也可以戴冠冕，頭盔也演變成行禮用的禮冠。所以免演變成冕字，是高級貴族行禮用的冠冕。

免 miǎn ＝ 免

一人戴有彎角裝飾的頭盔形狀。

第三章 甲骨文「嘉」字中藏著的願望

家具是為了方便日常生活而製作的器具。不過家具在古時候並不屬於生活的必需品，一開始時應只有貴族才用得著。通常定居也比游牧的生活更需要家具，換句話說，是文明達到相當程度後才有的產物。

在家具中，最為人們感到需要的可能是箱、櫃一類收藏衣物的東西。在以漁獵採集為生的遠古平等社會，雖然產物公有，沒有必要隱藏貴重的東西。但是穿著的衣物有冬、夏之別，為避免受到塵

貴族的用品
漆櫥櫃

圖 3-4
奩漆盒，16.5 公分。元代，西元十三至十四世紀。

圖 3-5
淺盤與小圓盒漆器，高 8.4 公分，圓徑 18.6 公分。明代，西元十四至十五世紀。

埃、雨露的髒汙，就有製作箱櫃加以收藏的必要。到了經營農業、定居的階級社會，對於某些貴重的物品，更有給予某種防範和保護措施的必要而製作箱櫃。從三千多年前商代的**甲骨文「貯」字：**，作收藏海貝於箱櫃中的樣子，說明人們製作箱櫃應有長久的歷史。

戰國時代的木器因為漆的普遍使用而興盛，但生漆產量不多，價格高昂，只充當保護與裝飾的作用。到了十五世紀，竟然發展到以層層的薄漆累積成相當厚度而作為器物的材料，並雕成立體的圖案。這種工藝叫雕漆，因所雕主要為紅色的漆層，所以或稱之為剔紅。

圖3-6這件十八世紀的長方形漆櫥櫃，堪為精品代表。漆櫃的箱蓋扣住雙門的上口，不打開箱蓋就開不了雙門，這是此期的經典造型。為了加強保密，兩門及蓋門之間還加上鎏金的銅折頁及鎖。打開蓋子裡面有漆黑的格子。打開兩扇門則是兩個各有五個抽屜的櫥櫃。每個抽屜都用白漆寫著「御製詩」，以及「初集戊」、「二集甲」等的編號。乾隆皇帝寫過四萬首以上的詩篇，這個櫃子有可能放置在龍椅的一角，以便隨時存放及閱讀他自己所寫的詩稿。

漆櫃的門以及其他三邊上，在高低不等的深綠與黃褐色的底漆上有朱紅色的立體圖案。主題是白玉琢磨的多群孩童在以建築、

圖 3-6
鑲嵌白玉孩戲圖多色雕漆櫥櫃，41.5公分。清代，西元十八世紀。

山石為背景的花園裡興高采烈地遊戲。蓋子的前邊及裡邊裝飾著雙龍搶珠，而其他兩旁則為蝙蝠飛行於山石波浪上的彩雲間。蓋頂是一條面目猙獰含怒的盤龍護衛著火珠。圍繞其四周的是跳躍於雲彩間的四條飛龍。支架的四周施刻重複的雲蝠紋。

一個家族的盛衰常取決於生殖能力的強弱，死是不可避免的自然規律，人們最大的希望是後代能堅強地永遠繁殖下去，所以重視子嗣是各民族普遍的觀念，而中國特為強烈。《孟子・離婁》有「不孝有三，無後為大」，充分表現沒有子息是一件很嚴重的缺憾。中國自有文字記載以來就是父系的社會，重男輕女，以男孩計算家族的成員。商代卜辭表現這種性別的歧視很明顯：商王常作有關祈求生子的卜問，當問及性別時，男嬰稱為嘉，女嬰稱為不嘉。**甲骨文的「嘉」字：**，作一位跪坐婦女和一把耒的形狀。耒是男子耕田的工具。此字表達婦人生有一個能夠勞動耕地的兒子，是值得嘉美的事。西周的《詩經・斯干》有「乃生男子，載寢之床。載衣之裳，載弄之璋。其泣喤喤，朱芾斯皇，室家君王。乃生女子，載寢之地。載衣之裼，載弄之瓦。無非無儀，唯酒食是議，無父母詒罹。」把父母的偏心很明顯地表現出來。

圖 3-8
雲龍火珠有蓋漆方盤，長 25.5 公分，高 10.2 公。西元十六至十七世紀。

圖 3-7
螺鈿鑲嵌多層漆盒，高 27.4 公分。明代，西元十五至十六世紀早期。

圖 3-9
雲清代漆雕龍紋大圓盒，徑 46 公分。乾隆期，西元 1736～1795 年。

貯 zhù ＝ 貯

作保存海貝於櫥櫃中的樣子。

嘉 jiā ＝ 嘉

作一位跪坐婦女和一把耒的形狀。耒是男子耕田的工具。此字表達婦人生有一個能夠勞動耕地的兒子，是值得嘉美的事。

第四章 豪華三進的親王府第

在專制的帝王時代，人們的日常生活起居，會因為身分差別而受到某種程度的規範與限制。例如死後埋葬的墳墓和活著時候的家居，都有相應的規定，違反了就會受到處罰。像圖3-10這一座依照中軸排列的三進院落，是只有非常少數的人才有資格居住的。

圖3-10這組模型的建築部分由四十幾件組成，表現的是明代親王府第。最前頭是府第圍牆之前的一大、二小三座牌坊。二座小牌坊可能不擺在正門前，而是向外各面對東西方向，區劃出府第之前的範圍，防止閒雜人員等的出入。牌坊都作中高兩旁低的三道門形式，門柱施黃褐色釉，前後也都有綠釉的底座裝飾，各門上有鋪設

地下的居所
陶造院落

圖 3-10
彩繪上釉瓦陶三進院落，高 68.5 公分，不計牌樓，長度超過二公尺，加拿大皇家安大略博物館藏。明代，約西元十六世紀。

綠色琉璃瓦的兩坡斜頂，正脊兩端有傳說可以防止火災的鴟吻，垂脊上也有類似的獸形裝飾。這座院落的所有屋頂，都有同樣的屋脊裝飾，連圍牆也有琉璃瓦的兩坡斜頂。

正門之前有三級的臺階及一對石獅子。進入第一個院落，首先是一座堆貼龍鳳圖案加有琉璃瓦斜頂的屏風，屏風的作用是擋住風塵吹進，以及阻礙閒雜人等向裡頭窺探。東西兩牆之間各

圖 3-12
圖 3-10 王府前之牌坊。

圖 3-11
圖 3-10 第一院落裡的情形。

圖 3-13
圖 3-10 之前院。

圖 3-14
圖 3-10 之後院。

有一間廂房，其門兩旁都有繁細的雕刻花格裝飾，同樣的裝飾也見於所有其他的房間。但是這兩廂房的花格還塗繪代表紅漆的塗料。其前後牆壁也作同樣色彩的塗繪。正廳是兩層樓大廈，門前有臺階，兩側的牆上還裝飾與屏風同式樣的龍鳳圖案。

第二個院落範圍較小，兩側廂房也和第一個院落一樣，牆壁有紅色的塗繪，但正廳只有一層，兩側牆壁也沒有裝飾。第一、二院落是會見賓客的辦公地方，所以粉刷朱牆。

第三個院落範圍最大，東西兩側的圍牆之間各有兩座廂房，前頭的是一樓而後頭的是二層樓。正面的廳堂也是二層樓，二樓正面沒有門，但有兩窗戶。

除了樓房、牌坊，這組院落還包括數量不少的頭戴圓帽的僕傭以及家具。大門之前有八位持拿儀仗的人員，門內二位守門者。第一個院落有兩個擺滿食物的桌子以及四個服侍人員（圖3-11及3-13）。第二個院落的堂前有二位守門人。第三個院落則有桌椅及一位服侍人員，有可能屬於第二院落，主人批公事的地方。此外，還有床、灶、井、磨等（見圖3-14）。

在明代，三進院落並有龍鳳影壁、兩廈的廳堂是親王以上才容許的住家規格，圖3-10此組房子的裝飾也合乎《明史・輿服志》的記載：「（洪武）九年定親王宮殿、門廡及城門樓，皆覆以青色琉璃瓦。又命中書省臣，惟親王宮得飾朱紅、大青綠，其他居室止飾丹碧。」這是迄今

圖 3-15
明代彩繪瓦陶二進大院全形，16世紀。

所知，唯一存世的親王院落的模型。明代諸王的墓葬大都在地下修建宮殿式的墓穴，樑柱上的斗拱形式、窗櫺戶牖上的鏤刻花紋也都一一在石墓室裡表現出來。這一位親王也許經濟上比較窘困，沒有能力經營建地下宮殿，只好燒造這一套代用品，使我們有幸可憑藉以冥想其府第的威勢。

圖 3-16
鉛釉陶鴟尾，高 90 公分，長寬 65×23 公分，銀川出土。西夏，西元 1032～1226 年。

第五章 玉雕留皮設計的趣味

圖3-17這兩件玉雕有一個相同點，那就是為了增加寫實性與趣味性，而沒有把粗糙、異色的外皮完全磨掉，留下部分作為雕像的內容，這種設計的手法叫「留皮」，目的與竹刻的「留青」相同。

右邊作一位伏臥在大片芭蕉葉中的可愛小男孩，可能帶有生育男孩的傳統願望。它是利用帶有黑斑的棕黃色玉皮層的不規律形狀設計成上下兩片芭蕉葉，再把裡頭潔白的玉雕琢成睡覺的男孩。表現出小男孩在戶外嬉戲，一時疲睏，就撿拾兩片蕉葉充作寢具，其天真可愛的模樣讓人莞爾憐愛。黃黑色的玉皮不但呈現出蕉葉枯乾的效果，也與小男孩的純淨有明顯的顏色對比，增加作品的多彩與趣味性。

左邊的作一位蓄短髮、笑容可掬的矮胖男子。身穿寬袖的長袍，兩手舒展一幅有道家太極

特殊的韻味
留皮玉雕

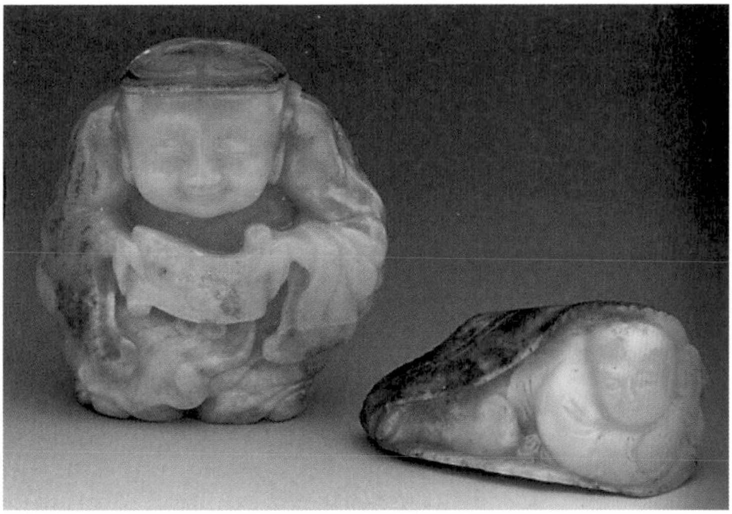

圖 3-17
左：寒山，高8公分，寬7.5公分。晚明或清初，十七至十八世紀。
右：孩，高3.8公分，長7.6公分。清代，約十八至十九世紀前半。

圖的畫卷。這塊有不同顏色的外皮，巧妙地將灰藍色的外皮作為短髮，黃棕色斑則成衣袍。此人物應該就是唐代的詩僧寒山，黃斑暗喻衣袍的補丁，加強貧窮者的形象，更適當地表現出寒山的詩作，「時人見寒山，各謂是風癲。貌不起人目，身唯布裘纏。」

寒山身世不詳實，或說活於七世紀，或說八世紀。據《高僧傳》，大概因為居住於浙江天台寒岩而被

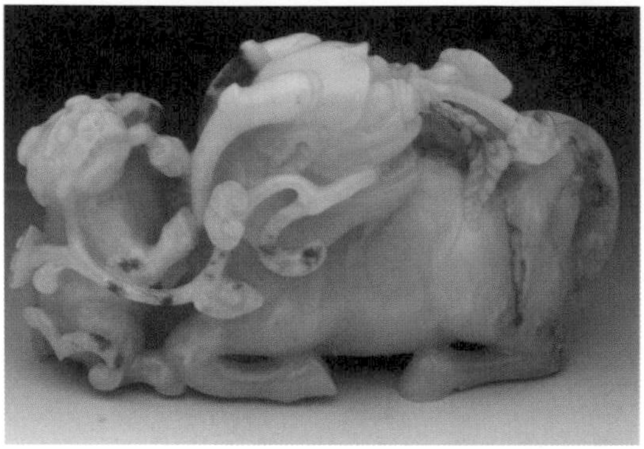

圖 3-18
淡綠玉母子避邪立雕，長18.3公分。晚明至清初，西元十七世紀晚期至十八世紀早期。

稱為寒山子或寒山。寒山和拿著掃把的拾得同為國清寺的火工，經常配對出現在藝術作品中。寒山流傳有詩作三百餘首，多表現山林隱逸的趣味和佛教的出世思想，語言通俗而詼諧，對炎涼世態有所譏諷。兩人的地位雖然低微，但道德高超，不似凡間的人物。可能因此，就以有詩名的寒山作為有高超智慧的文殊菩薩的化身，拾得也就配對成為高德仁慈的普賢菩薩的化身了。

玉器是中國古代墓葬裡常見的隨葬品。漢代以後，可能因為北方戰亂不停，從新疆輸運玉材不容易，貨源短缺，自然影響製作的持續。而且因為戰事頻繁，社會賢達多涉及軍務，也不宜服戴佩璜，所以葬玉的習慣就消失了。大概到了宋代，社會比較安定，對於玉器的需求才又慢慢恢復。

宋代提倡文風，重視學術研究。著錄並研究古代出土的器物，形成仰慕古代的風潮，對古人重視的銅器和玉器有所雅愛。南朝以來江南的開發，也讓人們感受到山川的秀麗，加以道家思想抬頭，助成人們喜愛自然的風氣。玉既然是自然的美材，就順應而發展了雕琢玉器成花卉蟲鳥等形狀的裝飾花紋與賞玩物。不管是作為掌中欣賞的小玩意，或是實用的大型擺設，都竭盡心思給予創作，形成時代的新氣象。

玉的表皮具有與玉質不一樣的觸感和色彩，納入雕琢的設計更增加形象的生動與韻味。宋代之前偶然見有巧用玉皮的例子，但到宋代才大為發展。有時沒有適用的玉皮，也要使用人工的沁染方式去創造玉皮的趣味

圖 3-19
有斑紋的綠玉屏風以及燭臺，高 38 公分。清代，西元十八世紀後期至十九世紀早期。

和效果。例如有一對清代的方管狀玉燭臺，四面各雕刻著漢代以來象徵長壽、高祿的鹿、松樹、靈芝等仙山上的景象，山石間點綴著看似玉皮的對稱斑點。自然的斑點不可能在不同的玉料造成相同的位置和大小，顯然那是為了設計的需要，用漂、染等手法造成的趣味。如果人們不特別喜愛「留皮」所造成的韻味，就不會這樣偽裝加工了。

圖 3-20
濃淡不等的各式綠玉容器以及如意，最大直徑 46 公分。明清時代，西元十四至十九世紀。

圖 3-21
實物造形的白與淡綠玉容器，直徑 26.6 公分。
清代，西元十八至十九世紀。

圖 3-23
折枝花形玉飾，長 7.3 公分，寬 6.5 公分，北京出土。金代，西元 1115～1234 年。

圖 3-22
孔雀形玉釵，長 6.5 公分，高 3 公分，北京出土。金代，西元 1115～1234 年。

圖 3-24
玉山子，寬 31 公分，高 26 公分，北京出土。清代，西元 1644～1911 年。

圖 3-25
麒麟紋帶銙，長徑 6 公分，短徑 4.5 公分，厚 0.5 公分，雁塔區出土。明代，西元 1368～1643 年。

圖 3-26
綠染象牙座木蘭花形白玉杯，連座高 12.4 公分。清康熙期，西元 1662～1723 年。

圖 3-27
半透明的白玉伊斯蘭教風格的碗（產地未明，可能是中國或其他伊斯蘭教地區），直徑 15.6 公分。清代，西元十九世紀前半。

圖 3-28
清乾隆款墨綠玉莫臥兒作風的中國碗，徑 18.5 公分。西元 1736～1795 年。

第六章 稀有的元代石翁仲

以目前發掘的考古資料來看，中國至少自商代以來，對於位高權重的人物，有在其墓地上建造亭臺，以祭祀並頌揚死者的習慣。秦漢以後，更是在墓前鋪設神道，豎立各種成列的石雕以盛壯觀。石雕的內容各代有所差異，主要是祥瑞的野獸及奉職的官員和客使。其數量與種類有位階上的嚴格規定，不能隨意擺設。石人的形象叫「翁仲」。

圖3-29的石翁仲各重四噸以上。一個是穿著鎖子鏈盔甲，手停靠在多節鞭柄上的威武武將；另一個是穿官式長袍而雙手持笏的莊嚴文官。他們挺頭而兩眼前視，恭敬地聆聽吩咐，看起來和其他朝代的翁仲一樣，沒有什麼特別，但其實這一對有罕見的有趣背景。

這組石雕包括八角形的墓壁、一對駱駝、一對翁仲、兩座懸山式頂的門道，是英國皮貨商克拉虎氏於一九一九年在北京豐台區購買的。他提供的墓主姓名英文譯音，多少年後方曉得是

石人的形象 翁仲

圖 3-29

文武石翁仲，高 282.5 公分，加拿大皇家安大略博物館藏。元代，約西元十四世紀中期。

「祖大壽」。祖大壽是明末戍守東北邊境的有名武將，也是吳三桂的母舅。他抵抗清軍的入侵十多年，在無力抵抗、再度被俘的情況下降清。之後不久死於一六五六年，被清廷敕葬為一品的大臣。

墓主的身分一旦被揭曉，此群石雕的各個年代，以及其與祖家墓園的關係，就得重新考慮。因為有些作品的年代顯得頗為古老，不像是清初的作品。石駱駝在明代是親王的神道才准豎立的。祖大壽只是一品官，不應該建有石駱駝。但他的時代正是朝代交替、制度混亂的時候，可能有僭制的事情發生。但是那對文武翁仲，與常見的宋、明、清的作品都很不同。

圖 3-30
天祿（雙角麟）石雕，長 2.95 公尺，高 2.75 公尺，江蘇丹陽，齊宣帝蕭承之永安陵出土。南齊，西元 479～501 年。

圖 3-31
一對白石守門獅子，305.9 公分。清代，西元十七世紀。

經過研究發現，一三六五年建於北韓開城郡的高麗朝恭愍王及其妻的墓塚，出土的武士翁仲與此對非常相像，其身材都屬於修長一類，不像明代中葉以後的有肥短的感覺。其臉面作瞪眼皺眉，屬於粗獷的類型，與明清的清秀面貌也很不同。而且滿臉長有細密而長的鬍鬚，垂於胸前好像一幅圍兜，也大異於漢族形象的五綹鬚。頭戴的冑，身上的盔甲和襯裙，也都與明代的不同。通過仔細比較，可知應是十四世紀的作品。

朝鮮的文化深受中國的影響，高麗朝在武力脅迫下與元宗室通婚，受到元朝廷的管制。像這種代表朝廷權威的石雕，理應朝鮮向宗主國學習，沒有元朝廷反向高麗模仿的道理。但是蒙古族以游牧為主，不願顯露其埋骨的所在，一般以為元入主中國後仍保留他們的葬俗，沒有以石雕頌揚死者的制度。但是從地方志卻發現族屬於遼、金以及漢族的元代大臣，其墓前有豎立石翁仲的記載。此對翁仲可能就是族屬於遼、金的元代大臣所建，以其族人的形象寫生，所以與高麗恭愍王的石像那麼相似。

祖大壽是遼東人，其墓園有濃厚的東北風格。祖家墳的兩座石門道，一是他處移來的早期作品，一是喪家依據之以仿造的清初作品。所以我們有理由推斷這對元代石翁仲及明代石駱駝都是祖家匆促之間從其他墓地移來的。在罕有元代石刻保存的目前情況下，它們倍值珍惜。

圖 3-32
黑白色混合玉或大理石水牛立雕，長17.7公分。漢代，西元前206～西元220年。

圖 3-33
蟠龍紋石雕柱礎，邊長32.5公分，高16公分，大同司馬金龍墓出土。北魏，西元386～532年。

第七章 能折疊的硬木椅

家具是人們為了讓日常生活方便而製作的器物，在有了適當的工具以後，首先製作的應是裝衣物之類的箱櫃。一但生活更有餘裕，大概也慢慢發展出方便起居坐臥的器具。

木頭易於腐爛，很難從地下發掘證實中國使用家具的年代與種類，只好從文字作為探討的起點。象形文字反映商代在室內有跪坐於席上的習慣。席子隨坐位而設，沒有固定的位置，而當時室內活動空間也有限，應沒有太多常設的家具，當然也沒有椅子。商代有不同形式的矮几，以為憑靠、進食或書寫之用，是要利用的時候才臨時陳設。商代的床是臨時為病人準備，以防萬一不幸時刻來臨時的停屍用具，還不是日常的寢具。隨著醫學的進步，病期延長，痊癒的機會增多，此臨時性的床就被建造得更加講究；到了東周已發展成為可以坐臥、進食、書寫、會客的日常家具，為屋裡最有用的器具之一，很多家具或設施就圍繞著床而設。至遲於戰國時代已有功能非為睡臥，能獨坐且有靠背的床。人們也慢慢改變跪坐的習慣而為箕踞甚至垂足而坐。垂足高坐以後，進食或書寫的桌面當然也要跟著提高，可能也加速桌椅的使用。

江蘇六合春秋晚期墓出土的殘銅片，上有坐於矮凳的刻紋。河南長治所出土的戰國時代銅匜，也有線刻武士爭戰以及坐矮凳飲酒的花紋。它是一種可以折疊，垂足而坐的輕便坐具。從漢、六朝的畫像石以及文獻推斷，胡床只是臨時性的坐具，大都於郊遊、狩獵、戰爭等野外的時機使用，偶爾會用於室外，並不是常設的家具。此種坐具之所以稱為胡床，顧名思義，它是外族傳來的東西。因為坐面是繩子編綴而成的，所以或稱為繩床。在引進胡床前，中國人已經偶有垂足坐於床上的事實。只是床為大型家具，不像胡床那麼輕便而已。胡床本是沒有靠背的，受到屏風靠背式榻床的影響，也就慢慢發展成不能折疊的椅子和可以折疊的

圖 3-34
黃花梨硬木炕桌，高 23 公分。明至清代，約西元十七至十八世紀。

交椅兩種式樣。桌椅既然成為日常的家具，笨重的床榻便漸退至內寢而成為專供寢息的臥具了。

圖3-35這件交椅的架構簡要，只由九件木料用榫卯加以套接。前腿穿過椅面的牙條相接成為搭腦。搭腦的中部稍高，不挑出而有如官帽，所以或稱為官帽椅。靠背板微為彎曲，裝飾著幾何圖形化的浮雕龍紋。後腿與前腿相交而與椅面牙條相連接，成為可以折疊的形式。前、後腿各與著地的牙條相接，前牙條上的管腳棖（ㄔㄥˊ）裝飾以龍為主題的成排圖案。椅面則是以米色與藍色編織而成的窄長菱形紋布料製成。

折疊式椅子最早的形式大致是像圖3-35這一件，有靠背而無歇手。後來演變成三種形式。一是加上兩旁的歇手，二是搭腦作彎曲或馬蹄形狀而兼有扶手的功能，三則是被稱為醉翁之椅的傾斜躺臥形式。

到了宋代，中國傳統家具的品種和形式已大致定型，但明清兩代才廣為流行，其原因一是市場的繁榮，生活安定，增加人們對精美家具的需求。再是海外貿易發達，輸入大量色澤雅緻，質料堅密的硬木，因此得以製造高級家具。

方便坐臥的家具

木椅

圖 3-35
折疊式硬木交椅，79.7 公分，加拿大皇家安大略博物館藏。清代，西元十七至十八世紀。

圖 3-36
明代硬木折疊式椅子，高 118.1 公分。約西元1580～1640年。

第八章

材料檢驗與甲骨文「相」字的關聯

圖3-37 這種形式的小型坐具稱為墩，它是從沒有靠背的圓形凳子分化出來的，特點是坐面下沒有支腳，觸地的一端一般是貫通的圓形承座，或甚至也是可以坐的面，外形頗近於中身稍微膨脹的皮鼓，凳子則絕大多數裝有支腳。在結構上，墩比凳子的製作稍加麻煩。凳子和墩子都不是正式場合所使用的坐具，在比較上，墩是重視生活品味者所選用的形式。即富貴者在公務閒暇之餘，飲酒品茶言談，意在紓解身心疲乏時所用的坐具，其往往製作比較講究，選用的木料質量也較高。墩面也可以使用石材、藤心、金屬等其他材料。由於凳子與墩子使用的時機主要是閒暇時候，不是一本正經談正事，坐的姿態可以隨意些，所以有時高度可以矮至二十公分。

精心挑選的木料

紫檀木墩

圖 3-37
紫檀木四開光坐墩，48 公分，面徑 39 公分，腹徑 57 公分，承德避暑山莊藏。西元1368～1643年。

圖3-37這個墩子的造型為皮鼓形狀，上下兩端各裝飾一圈皮鼓常見的乳釘。墩子以輕靈為製作的重點，同時為使帶有變化與裝飾的意味，墩子的身作了四個圓角方形的開光。所謂開光，是在畫面上框畫出或挖出作為顯示主題圖案的空白區，也是瓷器常用的裝飾手法。開光所留下的空間有如凳子的支腳，四足的裡面削圓，兩端格肩，用插肩榫與上下構件扣合，緊密如一塊木頭削成。墩底座使用一塊木整圈挖出以連接四足，下面還連接四個小足以保護墩底座不受到磨損。整

體的造型渾圓可愛，也製作精良，無刀鑿痕跡。

圖3-37這件墩的材料是紫檀木。紫檀並不是中國的產物，原產地是東南亞的熱帶森林，色彩多樣，材質堅硬，其中以色調近紫色的為紫檀，是製作高級家具的材料。在不同的貿易時代，供應的木材品種也不同，檀木基本上是明代重視家具的製作才進口的材料。

人類利用木料製作器物以方便日常的生活，起碼與石頭的利用有同樣久遠的歷史。只是木料的性質易腐，不像金石、泥土等器物能長存地下。樹的種類多而性質多樣。有質輕容易成形者，有堅韌而耐用的。對於各種大小物件皆有合適的材料。損壞後也可以改作別的用途。除了殺傷能力較差，以及不宜暴露於風雨這兩個缺點以外，木材在其他條件

圖 3-38

黃花梨木透雕螭紋玫瑰椅，通高88公分，座面長寬61×46公分，座高52.5公分，北京故宮博物院藏。明代，西元1368～1643年，北方名為玫瑰椅，南方名為文椅，為扶手椅中最輕便者。

方面都比石材優越，尤其是加上漆繪後的豔麗，更令人喜愛。其重要性不因銅、鐵、塑膠等新材料的使用而降低其價值。從《考工記》的三十工種中，攻木之工有七，建築（匠人）、車子（輪人、輿人、車人）、兵器（廬人、弓人）和用器（梓人）。而說解的文字占三分之二，就可以看出木材是人們最實用、最熟悉的材料，所以記載特別詳細。

器物的作用既有不同，材料的要求亦應有別。所以工匠對木材的性質必須有充分的認識，才能發揮木材的最大效用。因此對於不同零件的揉曲、堅硬、輕軟等個別的要求，不單要講究使用何種木材，甚至取材的年分及季節也要講究。**甲骨文的「相」字：**，作一隻眼睛在檢驗一棵樹的樣子，就是表現工匠的專業與專注。木材質量的檢驗以重量最為容易把握，所以**甲骨文的「爯」字：**，作一隻手提著一根架屋用的木頭，測量其輕重是否適用。

圖 3-39
紫檀束腰管腳方凳，高 46 公分，面 39 公分，北京故宮博物院藏。清乾隆，西元 1736～1795 年，凳面光素，外沿平直，束腰上又加雙混面線腳，使凳面成為重臺狀，四腿亦起雙混面，束腰周匝刻仿古銅器蕉葉紋，腿間透雕如意紋牙子。做工精緻而無繁瑣感，乾隆年製精品。在傳統形式的基礎上有創新。

圖 3-40
紫檀木梳背式扶手椅，通高 89 公分，寬 56 公分，深 45 公分，座高 47.5 公分，北京故宮博物院藏。清，西元 1644～1911 年，

相 xiàng ＝ **相**

一隻眼睛在檢驗一棵樹的樣子。就是表現工匠的專業與專注。

爯 chēng ＝ **爯**

一隻手提著一根架屋用的木頭，測量其輕重可否適用。

第九章

致命的吸引力：妖草鼻煙

圖3-41 這件白玉與綠玉黏合的茄形容器稱為鼻煙壺，用來充裝煙草與香料合成的粉末。以白玉製作茄子，顏色稍失真。綠玉的梗蒂形蓋子黏貼有象牙質料的小匙。小匙用以取出粉末，用鼻子吸嗅以提神。中國在前兩個世紀，人們廣為使用，經常做為贈送的禮物。現在雖然已經不吸嗅，但成國內外廣被收藏的對象，甚至有世界性的組織，定期聚會觀賞及交換研究的心得。

鼻煙壺

小巧玲瓏的珍玩

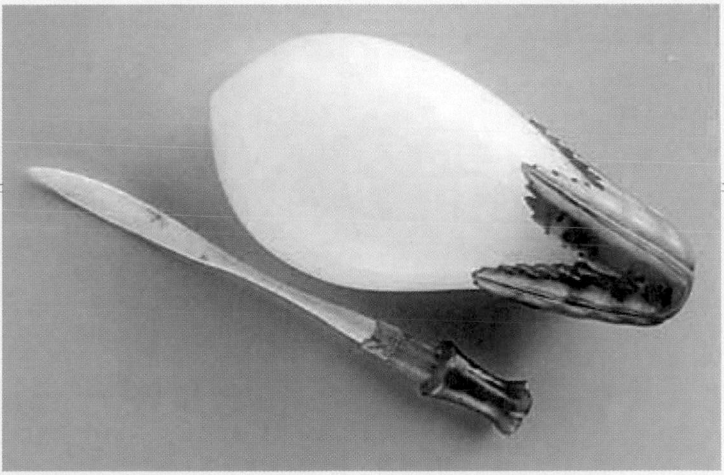

圖 3-41
白玉與綠玉黏合的茄形鼻煙壺，高 8.4 公分，臺北故宮博物院藏。
清嘉慶，西元 1796～1820 年。

鼻煙壺小巧玲瓏，尺寸不到十公分，男女都可隨身攜帶，比珠寶穿戴的時間更多。它可充分表現個人的喜好、教養與財富，所以工匠殫精竭思，競為機巧，以應需求。材料遍及各種稀奇古怪的東西，包括玉石、陶瓷、象牙、金屬、玻璃，甚至竹木、果皮等有機材料，並使用雕刻、彩繪、捏塑、鑲嵌等各種工藝手法，幾乎沒有不能表現的題材與式樣。

煙葉如何從原產地美洲，經歐洲而傳到中國，現在還不很清楚，但總不外是假手葡萄牙和西班牙的商人或傳教士。十六世紀初期葡萄牙人就已來到中國的水域，而日本的煙草也幾可肯定是葡人傳入，因此，最顯易的路線是葡國商人從澳門引進，但現存的中國文獻卻不像是如此。

遠在西班牙人於一五六五年在今之菲律賓的呂宋建貿易站之前，中國的舢舨就已航行到呂宋島，以中國的絲織品交換墨西哥銀子，發展了中國與西班牙間蓬勃的間接貿易。可

圖 3-42
果葉形描金漆絲胎鼻煙壺，高6公分。清乾隆，西元1736～1795年。

圖 3-43
幼獅戲球紋椰殼鼻煙壺，高 7.5 公分。清，西元十九至二十世紀。

圖 3-44
玻璃、琺瑯、竹子等材料的鼻煙壺，最高 8.8 公分。清代，西元十八至十九世紀。

能就在這種貿易情況下，中國船員熟悉煙草的吸用，把呂宋島上的種子及煙葉帶回中國本土試種。明萬曆年間的旅行者姚旅，在其《露書》就指明福建所栽種的煙草來自呂宋，並反向出口到呂宋去。他還說明了吸煙的方法：點煙於一頭，煙經過竿子入喉。吸煙可使人醉得踉蹌，所以當時人名之為金絲醺。

開始時人們以其可以去風溼、治感冒、防瘧疾等醫療性能而吸食。但不久就知道久服有害而無益，但卻又欲罷而不能，所以稱之為妖草。滿清未入關前，朝鮮從日本引進煙葉，且已發展成為代替茶酒的敬客品物，並輸出到東北。清廷基於經濟的利益，而不是健康的原因，嚴禁此非土產的販賣與吸食，但不禁貝勒王公服用。大概禁令難以執行，十七世紀中期來到中國的耶穌會教士，就發現中國人大行吸煙的習慣。

早期的鼻煙壺都是外國製造的，以單色或者套料的玻璃為多。康熙南巡時，曾經退還洋人其他禮物而領受葡國大使所贈送的鼻煙壺。後來宮廷裡也仿製，甚至民間的作坊也加入製造的行列，材料也多樣化，但是吸嗅鼻煙的習慣還是不出北京城。到十九世紀初鼻煙才普及全國，所以存世的作品也以十九世紀的為多。隨著滿清的覆亡，吸鼻煙的風潮也銷聲匿跡了。

圖 3-45
清乾隆款玻璃胎珐琊彩花卉紋鼻煙壺，通高 5.1 公分。乾隆，西元 1736～1795 年。

圖 3-46
水晶鼻煙壺，高 5.5 公分。
清，西元 1750～1850 年。

圖 3-47
人形五彩瓷鼻煙壺，高 7.1、7.1、6.8 公分。乾隆後期，西元十八世紀。

圖 3-48
描金紅釉瓷魚形鼻煙壺，長 8.7 公分。清，西元 1800～1850 年。

圖 3-49
雙鯉魚形象牙鼻煙壺，高 7.5 公分。清內府製作，乾隆年製款，西元 1736～1795 年。

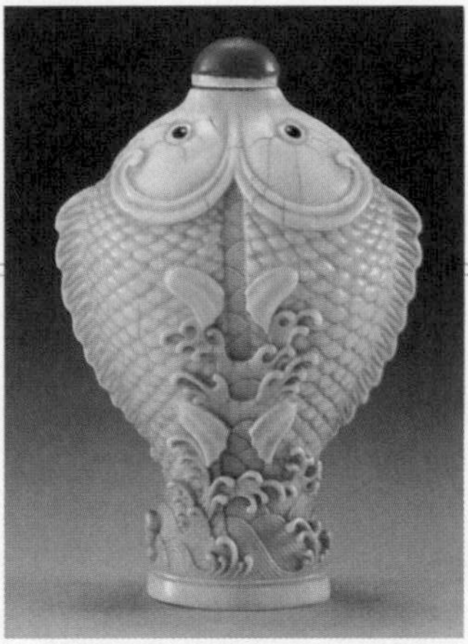

圖 3-50
佛手形黃楊木鼻煙壺，高 5.5 公分。清，西元十九至二十世紀。

圖 3-51
鑲嵌魚狗羽毛點銅鼻煙壺，高7.5公分。清，西元1850～1910年。翠鳥羽毛不利經常觸摸。

圖 3-52
樓閣人物紋紅綠剔漆青銅胎鼻煙壺，高 7.5 公分，為日本製品。器底雖刻「乾隆年製」，但應為西元 1860～1920 年間所製。

p.019
八思巴文陶支燒具，杭州老虎洞元代地層出土。元，西元十三至十四世紀。

p.019
定窯弦紋三足白釉瓷樽，高20.2 公分。口徑 15.9。北宋，十至十二世紀。白中閃黃。

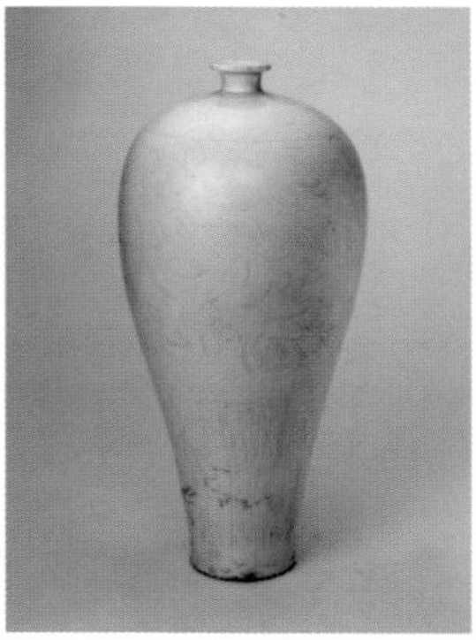

p.020
定窯白釉瓷刻花梅瓶，高37.1 公分，口徑 4.7 公分，足徑 7.8 公分。北宋，十至十二世紀。白中泛牙白。

p.018
定窯刻花雞首白釉瓷淨瓶，高 25.5 公分，河北省定州市博物館藏。北宋，西元960 ～ 1127 年。

p.019
陶支燒具，杭州老虎洞元代地層出土。元，西元十三至十四世紀。

大量製作品質精美：宋代定窯

p.015
定窯白釉瓷五足香爐，高24.4 公分，口徑 16 公分，河北定縣出土，河北省定州市博物館。北宋，西元 960 ～1127 年。

p.016
定窯鑲銅口印花白釉瓷碗，高 5.7 公分，口徑 20.3 公分，足徑 4.4 公分。北宋，十至十二世紀。

p.017
定窯鎏金銅口白釉瓷碗，高 6.1 公分，口徑 16 公分，足徑 5.4 公分。北宋，十至十二世紀。上乾隆題詩。

豐厚柔和滋潤如玉：龍泉青瓷

p.023
龍泉窯青釉瓷雙魚洗，高 6 公分，口徑 13.5 公分，足徑 13.5 公分。南宋，西元 1127 ～ 1279 年。

p.024
龍泉窯青釉瓷貼龍瓶，高 19 公分，浙江省博物館藏。南宋，西元 1127 ～ 1279 年。

p.021
醬釉（紫定）金彩瓷壺，高 18.1 公分，安徽省合肥市文物管理處藏。北宋，西元 960 ～ 1127 年。

p.021
定窯紫釉瓷盞托，高 7 公分，口徑 6.3 公分，足徑 5 公分。北宋，十至十二世紀。

p.020
定窯白釉瓷蓮紋長頸瓶，高 18.7 公分，口徑 6.5 公分，底徑 9 公分，定州出土。北宋，西元 960 ～ 1127 年。

p.020
定窯黑白釉瓷轎，高 15.5 公分，長寬 10×10 公分，定州出土。北宋，西元 960 ～ 1127 年。

p.028
龍泉窯青釉瓷五孔蓋瓶，高30公分，口徑7.2公分，足徑9.5公分。南宋，西元1127～1279年。有四至六管，多不與器身通，大半裝骨灰用，所以有佛塔式蓋子。

p.029
宋龍泉窯刻花青瓷梅瓶，高19.7公分。約西元十一至十二世紀。顏色與一般不同。

p.026
元龍泉窯雕花及貼花青瓷水注，高22.4公分。元，西元1271～1368年。

p.028
龍泉窯青釉瓷琮式瓶，高25.2公分，口徑6.2公分，足徑6公分。南宋，西元1127～1279年。

p.024
龍泉窯雙耳青釉瓷爐，高8.4公分，口徑8.5公分，足徑6公分，浙江吳興出土。南宋，西元1127～1279年。

p.025
龍泉窯青釉瓷刻花盤，高3.2公分，口徑15.5公分，足徑5公分。南宋，西元1127～1279年。足內無釉，釉色泛黃，火候過高，非高級品。

p.032
鈞窯月白釉瓷鑲金口出戟尊，高 32.6 公分，口徑 26 公分，足徑 21 公分。宋官窯，十二世紀。底部刻「三」，整套第三大。

p.033
鈞窯月白釉瓷尊，高 21.5 公分，口徑 23 公分，足徑 13.5 公分。宋官窯，十二世紀。細紋開片，底部刻「二」，並有五孔

變化多端色彩鮮明：炫麗鈞窯

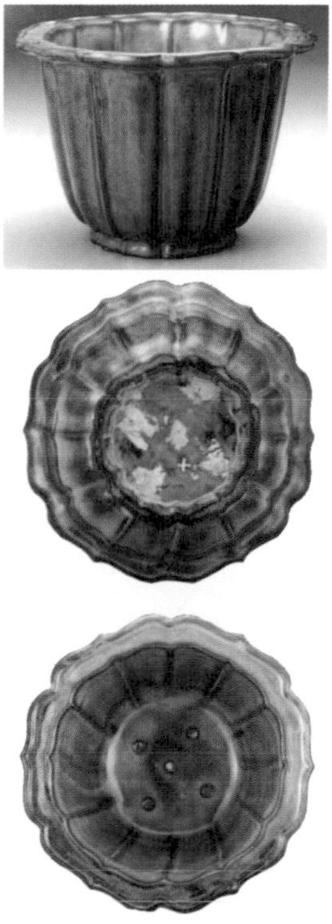

p.031
鈞窯葡萄紫釉瓷葵花式花盆，高 14.2 公分，口徑 20.5 公分，臺北故宮博物院藏。北宋，西元 960 ～ 1127 年。(下左：器內。下右：器底。)

p.029
龍泉窯青釉瓷鳥食小罐，高 3.9 ～ 1.5 公分，口徑 5.3 ～ 2.4 公分，足徑 3.2 ～ 2.1 公分。南宋，西元 1127 ～ 1279 年。

p.029
龍泉窯青釉瓷折沿三足香爐，高 13.2 公分，口徑 16.7 公分。南宋，西元 1127 ～ 1279 年。

p.029
龍泉窯青瓷荷葉蓋大罐，高 30 公分。江蘇省溧水縣博物館藏。元，西元 1271 ～ 1368 年。

釉下剔花的高級瓶：
磁州特色

p.037
黑釉瓷剔花小口瓶，高 24 公分，口徑 4.3 公分，足徑 11.5 公分，山西天鎮縣出土。金代，西元 1115 ～ 1234 年。

p.038
磁州窯白地黑花瓷枕，高 10.4 公分，面長 29.9 公分，寬 22.5 公分。宋代，十至十三世紀。

p.035
鈞窯藍釉瓷香爐，高 42.7 公分，口徑 25.5 公分，內蒙古自治區博物館藏。元，西元 1271 ～ 1368 年。

p.035
鈞窯藍釉瓷紫斑敞口折沿盤，高 3.2 公分，口徑 18.1 公分，足徑 7.8 公分。宋，十至十三世紀。

p.034
鈞窯天藍色釉瓷六角花瓶，高 13.1 公分，口徑 22.5×15.2 公分，底 13.4×8.4 公分。宋官窯，十二世紀。底部刻「八」，並有七孔。

p.035
鈞窯葡萄紫釉瓷蓮花式花盆，高 18.2 公分，口徑 26.7 公分，北京故宮博物院藏。北宋，西元 960 ～ 1127 年。

產品多樣迎合市場：吉州窯

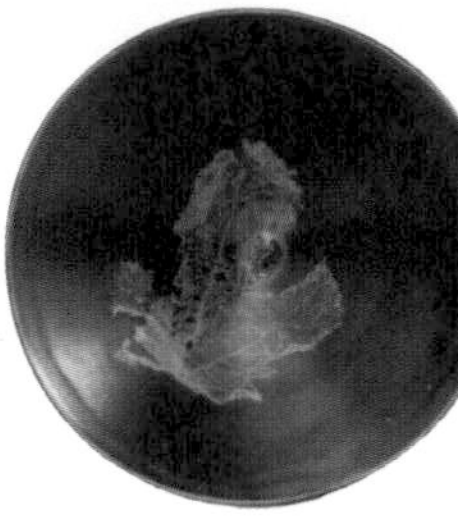

p.043
吉州窯樹葉紋黑釉瓷茶盞，口徑 15 公分，加拿大皇家安大略博物館藏。南宋，西元 1127 ～ 1279 年。

p.044
吉州窯剪紙貼花瓷碗，高 6 公分，口徑 12.3 公分，足徑 4 公分。南宋，西元 1127 ～ 1279 年。

p.041
元磁州窯系釉下鐵繪白衣透明釉瓷龍鳳紋大罐，高 42.5 公分。西元 1271 ～ 1368 年。

p.041
磁州窯鏽斑黑釉瓷蓋碗，高 10.3 公分。金，西元 1115 ～ 1234 年。

p.039
磁州窯綠釉瓷黑花梅瓶，高 38.5 公分，口徑 3 公分，足徑 9 公分。宋，十至十三世紀。在白地黑花上罩綠釉，是磁州窯中較名貴者。

p.040
磁州窯系刻花白衣棕色釉瓷罐，高 35.7 公分。金元時期，西元十三至十五世紀。

p.048
吉州窯窯變釉瓷碗，高 5.3 公分，口徑 12 公分，足徑 3.1 公分。南宋，西元 1127 ～ 1279 年。

p.049
吉州窯綠釉印花瓷碗，高 4 公分，口徑 10.3 公分，足徑 3.7 公分。南宋，西元 1127 ～ 1279 年。

p.047
黑釉樹葉紋陶盞，高 5.5 公分，口徑 14.8 公分，江西南昌出土，江西省博物館藏。宋。敞口，斜腹壁，矮圈足，黑釉，肥厚勻淨，底足露胎，吉州窯特色。

p.048
吉州窯黑釉加彩瓷碗，高 4.5 公分，口徑 10 公分，足徑 3 公分。南宋，西元 1127 ～ 1279 年。

p.045
吉州黑釉下彩繪淺黃色硬陶帶蓋罐，高 26.9 公分。元代，西元 1271 ～ 1368 年。

p.045
吉州窯黑釉瓷剔花梅瓶，高 19 公分，口徑 5 公分，足徑 6.8 公分。南宋，西元 1127 ～ 1279 年。花紋露黃色胎，花蕊用褐彩勾畫。

p.046
吉州窯玳瑁斑釉瓷碗，高 4.6 公分，口徑 14.8 公分，足徑 3.6 公分。南宋，西元 1127 ～ 1279 年。

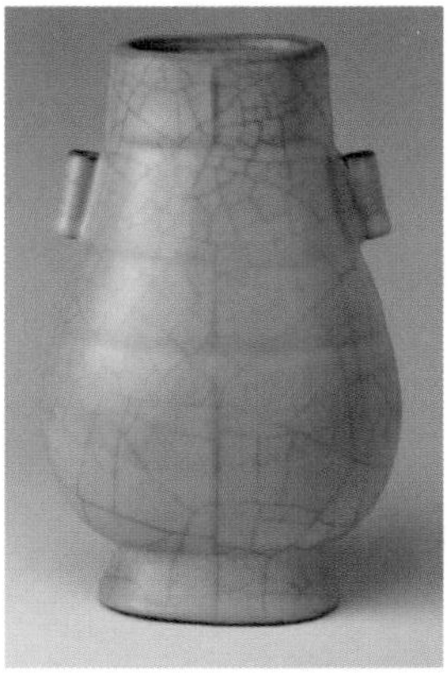

p.055
官窯青釉瓷貫耳瓶，高 22.8 公分，口徑 8.3 公分，足徑 9.6 公分。南宋，西元 1128 ～ 1278 年。

p.055
汝窯天藍釉瓷三足盤，高 3.6 公分，徑 18.2 公分，北京故宮博物院藏。北宋，西元 960 ～ 1127 年。

p.052
官窯天藍釉瓷弦紋瓶，高 33.1 公分，口徑 9.8 公分，北京故宮博物院藏。北宋，西元 960 ～ 1127 年。

p.053
汝窯青釉瓷筆洗，高 3.5 公分，口徑 13.6 公分，足徑 9.3 公分。北宋，西元 960 ～ 1127 年。

p.049
吉州窯彩繪奔鹿紋瓷罐，高 19.5 公分，徑 10.4 公分，江西省博物館藏。南宋，西元 1127 ～ 1279 年。

思古幽情仿古之作：三足樽

p.051
汝窯天青釉瓷弦紋三足樽，高 12.9 公分，口徑 18 公分，底徑 17.8 公分，北京故宮博物院藏。宋官窯，西元十二世紀。

圖錄

p.060
青白釉瓷人形注子，高 23.9 公分，口徑 22 公分，安徽省懷寧縣文物管理所藏。北宋，西元 960 ～ 1127 年。

最適合飲茶的瓷器：兔毫紋磁碗

p.062
建窯兔毫紋瓷碗，高 6 公分，口徑 11 公分，足徑 3.5 公分。南宋，西元 1127 ～ 1279 年。

p.059
青白釉瓷刻花葵花瓣口盤，高 3.8 公分，口徑 16.1 公分，足徑 5.2 公分。南宋，西元 1127 ～ 1279 年。釉面不潔淨，有點狀黑斑。

p.060
影青釉瓷觀音像，高 67 公分。元，西元 1271 ～ 1368 年。

瓷器重鎮得意之作：影青瓷

p.057
青白釉瓷瓜式蓋壺，高 9.8 公分，口徑 2.5 公分，足徑 5.5 公分。南宋，西元 1127 ～ 1279 年。

p.058
影青釉瓷酒壺帶溫酒座，高 22.7 公分，江西省博物館藏。南宋，西元 1127 ～ 1279 年。

p.071
三彩黑地枕，高 9.9 公分，面長寬 35×14.8 公分。宋，十至十三世紀。

p.071
三彩刻花枕，高 10 公分，面長寬 40×25 公分。宋，十至十三世紀。底墨書「虛心冷氣都是自錯」。

p.067
磁州窯童子戲鴨圖瓷枕，長 28 公分，寬 16.5 公分，高 12.5 公分，河北磁縣出土，河北省磁縣文物保管所藏。北宋，十至十二世紀。

p.069
上釉的硬陶及瓦陶枕頭，最長 40 公分。北宋至金代，西元十一至十三世紀早期。

p.070
絞胎瓷枕，高 7.7 公分，長寬 14.7×10 公分。唐墓出土，西元 618 ～ 907 年。

p.063
鎏金鴻雁流雲紋銀茶碾子，長 27.5 公分，高 7.1 公分。唐，咸通十年（西元 869 年）銘。

p.064
黑釉瓷三足爐，高 7 公分，口徑 16 公分。南宋，西元 1127 ～ 1279 年。彩為任意點畫。

充滿童趣：
臥床男孩瓷枕

p.067
臥床男孩形定窯白瓷枕，長 30 公分，寬 11.8 公分，高 18.3 公分。北宋，十至十二世紀。

p.077
褐釉皮囊形瓷壺，高 24 公分。遼，西元 947～1123 年。

p.077
白釉劃花皮囊壺，高 29 公分，口徑 3 公分，足徑 9.52 公分 . 遼，西元 916 ～ 1125 年。早期肥短，中期以後壺身增高，縫合紋漸消失。

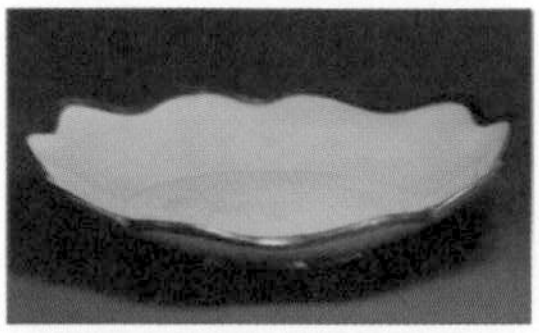

p.075
官字款荷花形白瓷盤，高 5.4 公分，徑 22.3 公分，內蒙古自治區赤峰市博物館藏。遼，西元 907 ～ 1125 年。

p.076
褐釉瓷皮囊式壺，高 28.8 公分。遼，西元 907～1125 年。

p.077
白釉三彩刻花盤，高 2 公分，口徑 11 公分，足徑 6.5 公分。遼，西元 916 ～ 1125 年。胎體較粗，呈磚紅色。

因游牧特性產生的特別形狀：雞冠壺

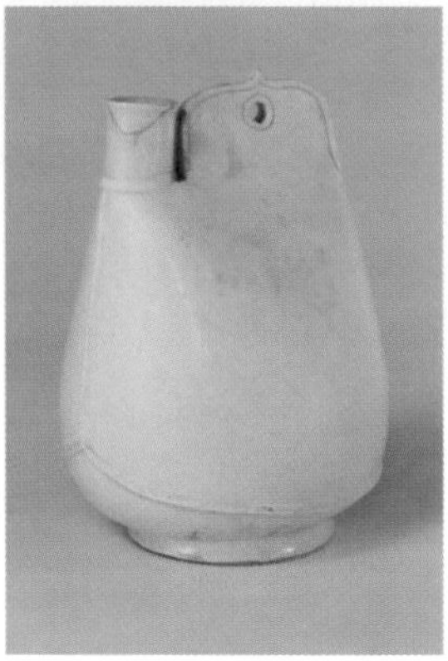

p.073
白釉雞冠壺，高 25.4 公分，口徑 3.9 公分，足徑 11.2 公分。遼，西元 916～1125 年。

p.074
黃釉劃花提樑皮囊壺，高 25 公分，口徑 2.5 公分，足徑 8 公分。遼，西元 916 ～ 1125 年。

p.082
元景德鎮窯青花瓷花卉紋大圓盤，徑 47 公分。約西元 1325 ～ 1368 年。

p.082
青花瓷鳳頭扁壺，高 18.5 公分。元大都出土，西元十四世紀。

p.080
景德鎮窯宣德款青花瓷高腳碗，徑 15.6 公分。明宣德，西元 1426 ～ 1435 年。

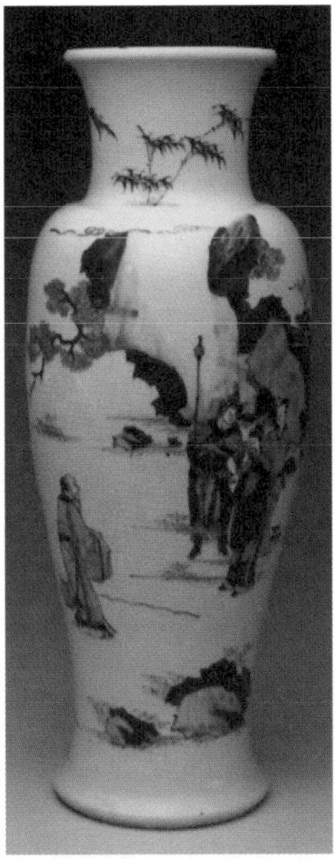

p.081
釉下青花瓷花瓶，高 47.6 公分。清代康熙年間，西元 1662 ～ 1675 年。

中國最出名的花樣：青花瓷

p.079
景德鎮窯青花瓷海水龍紋八稜瓶，高 51.5 公分，口徑 6.6 公分。元，西元 1271 ～ 1368 年。

p.079
帶蓋罐釉下青花瓷器，高 34 公分，加拿大皇家安大略博物館藏。明代，西元十五世紀早期。

p.087
釉下彩繪瓷梅瓶，高 34.8 公分。清代乾隆年款，西元 1736 ～ 1795 年。

五彩繽紛的瓷器：釉上彩

p.091
釉上五彩纏枝牡丹紋瓷罐，高 10.8 公分，口徑 9.9 公分，足徑 12.7 公分。明成化，西元 1465 ～ 1487 年。

抹上胭脂的青瓷：釉裡紅

p.085
影青瓷釉裡紅塔式蓋罐，高 22.5 公分，口徑 7.7 公分，底徑 6.6 公分，江西省博物館藏。元代，紀年至元戊寅，西元 1338 年。

p.086
影青瓷釉裡紅印花堆砌螭紋高足轉杯，高 12.8 公分，口徑 10.4 公分，江西省高安縣博物館藏。元，西元 1271 ～ 1368 年。

p.083
景德鎮窯青花瓷蒙恬將軍圖玉壺春瓶，高 30 公分，口徑 8.4 公分，湖南省博物館藏。元，西元 1271 ～ 1368 年。

p.083
景德鎮窯青花瓷纏枝牡丹紋帶蓋梅瓶，高 48.7 公分，口徑 3.5 公分，江西省高安縣博物館藏。元，西元 1271 ～ 1368 年。

p.095
五彩雉雞牡丹紋瓷瓶，高 45 公分，口徑 12.3 公分，足徑 14 公分。清康熙，西元 1662 ～ 1722 年。

p.096
五彩人物紋瓷碗，高 10 公分，口徑 21.7 公分，足徑 9.6 公分。明嘉靖，西元 1522 ～ 1566 年。內壁有暗花，少見。

p.094
釉上彩瓷百鹿罐，高 45.5 公分。清代，乾隆款印，西元 1736 ～ 1795 年。

p.095
五彩魚藻紋蒜頭口瓷碗，高 40.3 公分，口徑 7.8 公分，足徑 13.7 公分。明萬曆，西元 1573 ～ 1619 年。青、紅、綠、黃、黑、赭色。瓶口橫書「大明萬曆年製」。

p.092
五彩人物紋蓋盒，高 8.9 公分，口徑長寬 17.5×9.7 公分，足長寬 22.1×13.8 公分。明萬曆，西元 1573 ～ 1619 年。青花銘「大明萬曆年製」。

p.093
五彩雲龍紋葫蘆壁瓶，高 31 公分，口徑 3.7 公分，足徑 11.7 公分。明萬曆，西元 1573 ～ 1619 年。瓶口青花銘「大明萬曆年製」。

圖錄

p.097
琺瑯彩瓷雉雞牡丹碗，高 6.6 公分，口徑 14.5 公分，足徑 6 公分，北京故宮博物院藏。清雍正，西元 1723 ～ 1735 年。

p.098
琺瑯彩瓷藍山水碗，高 5.2 公分，口徑 10.9 公分，足徑 3.9 公分。清雍正，西元 1723 ～ 1735 年。楷書款「雍正年製」。

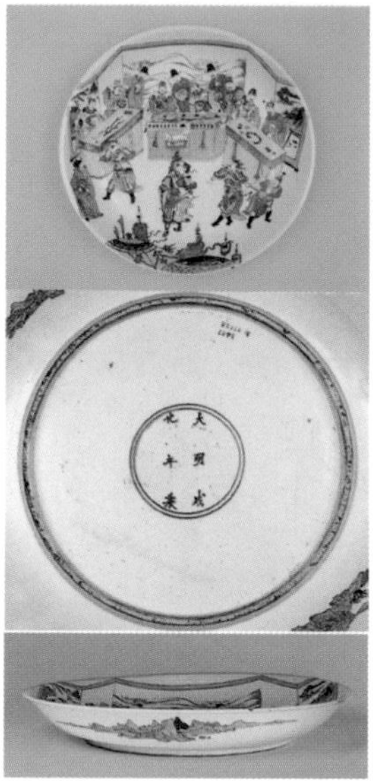

p.097
五彩臨潼鬥寶紋瓷盤，高 7.7 公分，口徑 51.3 公分，足徑 32.1 公分。清康熙，西元 1662 ～ 1722 年。青花銘「大明成化年製」。繪圖內容是秦穆公於臨潼會諸侯，鬥寶以定勝負，楚吳子胥舉鼎威懾秦穆公，各國諸侯得以歸國的故事。

p.096
明嘉靖款黃地綠釉瓷鳳凰方洗，口徑 19.6 公分，高 9 公分。明嘉靖，西元 1522 ～ 1566 年。底青花書：大明嘉靖年製。

p.096
五彩花鳥紋筒式瓶，高 35.3 公分，口徑 12.5 公分，足徑 12 公分。清順治，西元 1644 ～ 1661 年。

逐漸發展的著色技巧：鬥彩瓷

p.101
鬥彩瓷海水龍紋蓋罐，高13.1公分，口徑8.7公分，足徑11.2公分。明成化，西元1465～1487年。蓋子為清代製成，故色彩異。

p.102
釉上五彩青花瓷器，最高45.1公分。明清之際，西元十七世紀中期。

p.103
明宣德款鬥彩瓷海獸高足盃，口徑10.1公分，足徑4.4公分，高9公分。西元1426～1435年。盃心青花書：「大明宣德年製」。

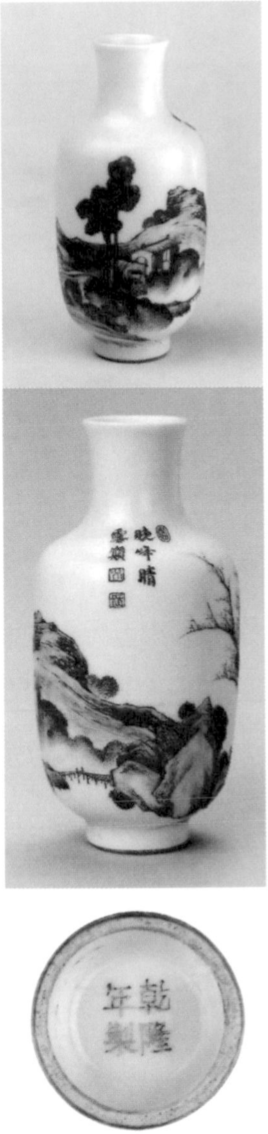

p.099
琺瑯彩瓷胭脂紅山水小瓶，高9.6公分，口徑2.2公分，足徑2.2公分。清乾隆，西元1736～1795年。楷書款「乾隆年製」。

p.098
琺瑯彩瓷錦地描金花卉象耳銜環瓶，高14.1公分，口徑5.5公分，足徑6.1公分，清乾隆，西元1736～1795年。篆書款「乾隆年製」。乾隆晚期，風格繁縟華麗，大異雍正時期幽淡典雅。

透明淡雅粉撲妝：
粉瓷的出現

p.107
雍正款粉彩瓷仙桃天球瓶，高 50.6 公分，口徑 11.9 公分，足徑17.7公分。清雍正，西元 1723 ～ 1735 年。

p.108
粉彩瓷木紋釉地松鶴筆筒，高 14.2 公分，口徑 12.7 公分，足徑12.5公分。清乾隆，西元 1736 ～ 1795 年。

p.105
鬥彩瓷龍鳳紋蓋罐，高 13.1 公分，口徑 4.6 公分，足徑 10.4 公分。清康熙，西元 1662 ～ 1722 年。青花楷書銘「大清康熙年製」。

p.105
清景德鎮窯乾隆年款鬥彩瓷八寶紋圓盤，徑 51 公分。乾隆，西元 1736 ～ 1795 年。

p.103
鬥彩瓷寶相花紋蓋罐，高 19.7 公分，口徑 7.9 公分，足徑 8.4 公分。明成化，西元 1465 ～ 1487 年。青花楷書銘「大明成化年製」，蓋為清代雍正或乾隆所配，色彩異。

p.104
鬥彩瓷雞紋缸杯，高 3.3、3.4 公分，口徑 8.3、8.3 公分，足徑 4.1、4.3 公分。明成化，西元 1465 ～ 1487 年。文獻記載「神宗時尚食，御前成化彩雞缸杯一雙，值錢十萬。」均畫一雄一雌三雛，但景象不同。青花楷書銘「大明成化年製」。清康熙至乾隆俱有仿製，康熙時幾可亂真。

盛極一時的琺瑯釉：景泰藍

p.113
銅胎掐絲琺瑯纏枝蓮紋香爐，高 10.9 公分，口徑 11.5 公分。明代早期，約西元十五世紀。

p.115
掐絲琺瑯（景泰藍）龍鳳銅鈁，高 37.5 公分，腹寬 22 公分。明，西元十七世紀前期。

p.111
粉彩瓷綠地夔龍勾連如意紋罐，高 24.5 公分，口徑 10.3 公分，足徑 9.8 公分。清嘉慶，西元 1796 ～ 1820 年。篆書款「大清嘉慶年製」。

p.111
清景德鎮窯慎德堂銘粉彩瓷福壽紋花瓶與碗，最高 30.8 公分。道光期，約西元 1820 ～ 1850 年。

p.109
粉彩瓷黃地海鶴碗，高 6.5 公分，口徑 15.1 公分，足徑 6 公分。清雍正，西元 1723 ～ 1735 年。楷書款「大清雍正年製」。

p.110
清雍正粉彩蝠桃紋橄欖瓶，高 40 公分，大清雍正年款。西元 1723 ～ 1735 年，香港蘇富比拍賣會於 2002 年 5 月 7 日拍賣，拍價超過五百萬美金。

p.110
粉彩瓷盤與碗，盤徑 26.7 公分。清代雍正年款，西元 1723 ～ 1735 年。

圖錄

p.130
螺鈿鑲嵌多層漆盒，高 27.4 公分。明代，西元十五至十六世紀早期。

p.130
雲龍火珠有蓋漆方盤，長 25.5 公分，高 10.2 公。西元十六至十七世紀。

p.130
清代漆雕龍紋大圓盒，徑 46 公分。 乾隆期，西元 1736 ～ 1795 年。

貴族的用品：漆櫥櫃

p.127
奩漆盒，16.5 公分。元代，西元十三至十四世紀。

p.127
淺盤與小圓盒漆器，高 8.4 公分，圓徑 18.6 公分。明代，西元十四至十五世紀。

p.128
鑲嵌白玉孩戲圖多色雕漆櫥櫃，41.5 公分，清代，西元十八世紀。

犀角傳說的體現：犀牛角杯

p.119
蓮花形犀角杯，高 10.5 公分，口徑 19.5 公分。明代，西元 1368 ～ 1643 年。

p.120
仙人乘筏形犀角杯，高 9.7 公分，長 25.5 公分，現藏北京故宮博物院。明代，西元 1368 ～ 1643 年。

漆器工藝的最高表現：剔紅雕漆

p.123
剔紅雕漆圓盒，27.8 公分，圓徑 29.2 公分。元代，西元十五世紀。

p.137
鉛釉陶鴟尾，高 90 公分，長寬 65×23 公分，銀川出土。西夏，西元 1032 ～ 1226 年。

特殊的韻味：留皮玉雕

p.139
左：寒山，高 8 公分，寬 7.5 公分。晚明或清初，十七至十八世紀。
右：孩，高 3.8 公分，長 7.6 公分。清代，約十八至十九世紀前半。

p.134
圖 3-10 之後院。

p.136
明代彩繪瓦陶二進大院全形，16 世紀。

地下的居所：陶造院落

p.133
彩繪上釉瓦陶三進院落，高 68.5 公分，不計牌樓，長度超過二公尺，加拿大皇家安大略博物館藏。明代，約西元十六世紀。

p.134
圖 3-10 第一院落裡的情形。

p.134
圖 3-10 王府前之牌坊。

p.134
圖 3-10 之前院。

圖錄

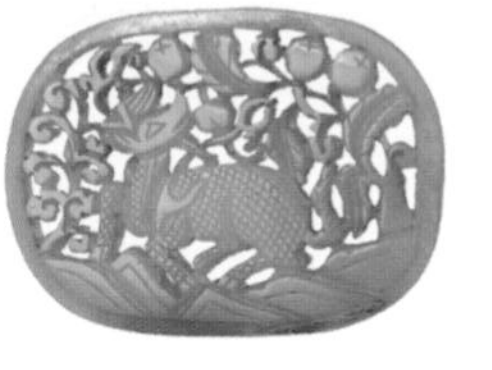

p.144
麒麟紋帶銙，長徑 6 公分，短徑 4.5 公分，厚 0.5cm 公分，雁塔區出土，明代，西元 1368 ～ 1643 年。

p.144
綠染象牙座木蘭花形白玉杯，連座高 12.4 公分。清康熙期，西元 1662 ～ 1723 年。

p.145
半透明的白玉伊斯蘭教風格的碗（產地未明，可能是中國或其他伊斯蘭教地區），直徑 15.6 公分。清代，西元十九世紀前半。

p.143
實物造形的白與淡綠玉容器，直徑 26.6 公分。清代，西元十八至十九世紀。

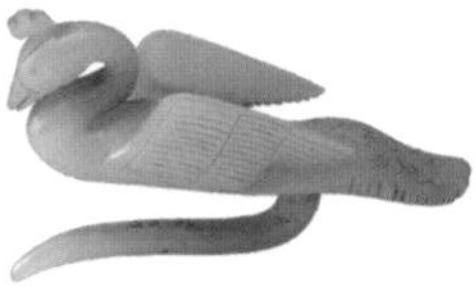

p.143
孔雀形玉釵，長 6.5 公分，高 3 公分，北京出土。金代，西元 1115 ～ 1234 年。

p.143
折枝花形玉飾，長 7.3 公分，寬 6.5 公分，北京出土。金代，西元 1115 ～ 1234 年。

p.144
玉山子，寬 31 公分，高 26 公分，北京出土。清代，西元 1644 ～ 1911 年。

p.140
淡綠玉母子避邪立雕，長 18.3 公分。晚明至清初，西元十七世紀晚期至十八世紀早期。

p.141
有斑紋的綠玉屏風以及燭臺，高 38 公分。清代，西元十八世紀後期至十九世紀早期。

p.142
濃淡不等的各式綠玉容器以及如意，最大直徑 46 公分。明清時代，西元十四至十九世紀。

p.151
蟠龍紋石雕柱礎，邊長 32.5 公分，高 16 公分，大同司馬金龍墓出土。北魏，西元 386 ～ 532 年。

方便坐臥的家具：木椅

p.153
黃花梨硬木炕桌，高 23 公分。明至清代，約西元十七至十八世紀。

p.155
折疊式硬木交椅，79.7 公分，加拿大皇家安大略博物館藏。清代，西元十七至十八世紀。

p.149
一對白石守門獅子，305.9 公分。清代，西元十七世紀。

p.151
黑白色混合玉或大理石水牛立雕，長 17.7 公分。漢代，西元前 206 ～西元 220 年。

p.145
清乾隆款墨綠玉莫臥兒作風的中國碗，徑 18.5 公分。西元 1736 ～ 1795 年。

石人的形象：翁仲

p.147
文武石翁仲，高 282.5 公分，加拿大皇家安大略博物館藏。元代，約西元十四世紀中期。

p.148
天祿（雙角麟）石雕，長 2.95 公尺，高 2.75 公尺，江蘇丹陽，齊宣帝蕭承之永安陵出土。南齊，西元 479 ～ 501 年。

圖錄

p.160
紫檀木梳背式扶手椅，通高89公分，寬56公分，深45公分，座高47.5公分，北京故宮博物院藏。清，西元1644～1911年，

小巧玲瓏的珍玩：鼻煙壺

p.163
白玉與綠玉黏合的茄形鼻煙壺，高8.4公分，臺北故宮博物院藏。清嘉慶，西元1796～1820年。

p.158
黃花梨木透雕螭紋玫瑰椅，通高88公分，座面長寬61×46公分，座高52.5公分，北京故宮博物院藏。明代，西元1368～1643年，北方名為玫瑰椅，南方名為文椅，為扶手椅中最輕便者。

p.160
紫檀束腰管腳方凳，高46公分，面39公分，北京故宮博物院藏。清乾隆，西元1736～1795年，凳面光素，外沿平直，束腰上又加雙混面線腳，使凳面成為重臺狀，四腿亦起雙混面，束腰周匝刻仿古銅器蕉葉紋，腿間透雕如意紋牙子。做工精緻而無繁瑣感，乾隆年制精品。在傳統形式的基礎上有創新。

p.155
明代硬木折疊式椅子，高118.1公分。約西元1580～1640年。

精心挑選的木料：紫檀木墩

p.157
紫檀木四開光坐墩，48公分，面徑39公分，腹徑57公分，承德避暑山莊藏。西元1368～1643年。

p.167
水晶鼻煙壺，高 5.5 公分。清，西元 1750 ～ 1850 年。

p.167
人形五彩瓷鼻煙壺，高 7.1、7.1、6.8 公分。乾隆後期，西元十八世紀。

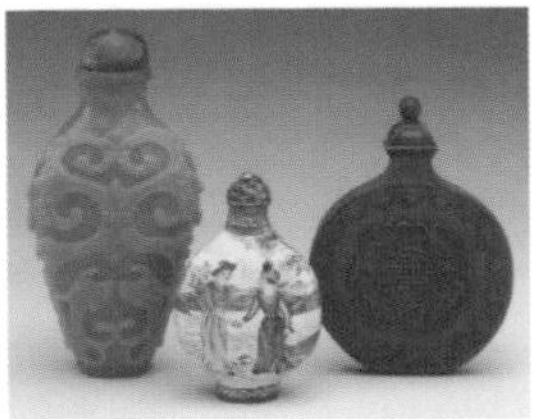

p.165
玻璃、琺瑯、竹子等材料的鼻煙壺，最高 8.8 公分。清代，西元十八至十九世紀。

p.166
清乾隆款玻璃胎琺瑯彩花卉紋鼻煙壺，通高 5.1 公分。乾隆，西元 1736 ～ 1795 年。

p.164
果葉形描金漆絲胎鼻煙壺，高 6 公分。清乾隆，西元 1736 ～ 1795 年。

p.165
幼獅戲球紋椰殼鼻煙壺，高 7.5 公分。清，西元十九至二十世紀。

p.169
鑲嵌魚狗羽毛點銅鼻煙壺，高 7.5 公分。清，西元 1850 ～ 1910 年。翠鳥羽毛不利經常觸摸。

p.169
樓閣人物紋紅綠剔漆青銅胎鼻煙壺，高 7.5 公分，為日本製品。器底雖刻「乾隆年製」，但應為西元 1860 ～ 1920 年間所製。

p.168
描金紅釉瓷魚形鼻煙壺，長 8.7 公分。清，西元 1800 ～ 1850 年。

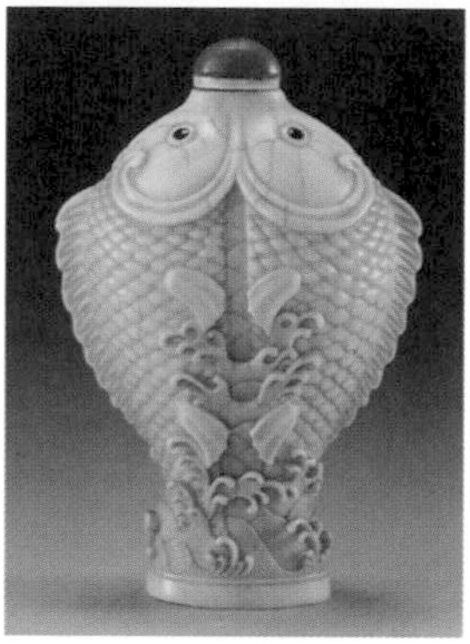

p.168
雙鯉魚形象牙鼻煙壺，高 7.5 公分。清內府製作，乾隆年製款，西元 1736 ～ 1795 年。

p.168
佛手形黃楊木鼻煙壺，高 5.5 公分。清，西元 1800 ～ 1900 年。